TV동화 행복한 세상

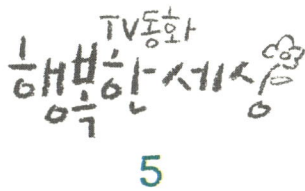

5

기획·구성 | 박인식 (KBS 한국 방송 PD)

샘터

TV동화 행복한세상 · 5

1판 1쇄 발행 2003년 11월 20일
2판 1쇄 발행 2011년 1월 10일
2판 3쇄 발행 2020년 10월 10일

기획 구성 박인식
펴낸이 김성구

주간 이동은
콘텐츠사업본부 고혁 현미나 송은하 김초록
디자인 이영민
제 작 신태섭
전략마케팅본부 최윤호 나길훈 이서윤 김지원
관 리 노신영

펴낸곳 ㈜샘터사
등 록 2001년 10월 15일 제1-2923호
주 소 서울시 종로구 창경궁로35길 26 2층 (03076)
전 화 02-763-8965(콘텐츠사업본부) 02-763-8966(전략마케팅본부)
팩 스 02-3672-1873 **이메일** book@isamtoh.com **홈페이지** www.isamtoh.com

ⓒ KBS 한국방송, 2002, Printed in Korea.

이 책은 저작권법에 따라 보호를 받는 저작물이므로 무단 전재와 복제를 금지하며,
이 책의 내용의 전부 또는 일부를 이용하려면 반드시 저작권자와 ㈜샘터사의 서면 동의를 받아야 합니다.

ISBN 978-89-464-1799-1 04810
ISBN 978-89-464-1794-6 04810(세트)

이 도서의 국립중앙도서관 출판시도서목록(CIP)은 서지정보유통지원시스템 홈페이지(http://seoji.nl.go.kr)와
국가자료공동목록시스템(http://www.nl.go.kr/kolisnet)에서 이용하실 수 있습니다. (CIP제어번호:CIP2011000030)

값은 뒤표지에 있습니다.
잘못 만들어진 책은 구입처에서 교환해 드립니다.

가슴에 영원히 묻어야 할 사람
한평생 사랑할 수밖에 없는 운명의 인연,
어머니는 나의 진정한 첫사랑입니다.

머리말

영원한 그리움, 우리들의 첫사랑

 내 어린 시절 기억 속에는 삶의 짙은 애환으로 그늘진 어머니의 고단한 얼굴이 하늘의 별처럼 총총히 박혀 있습니다.
 어머니를 향한 그리움은 청춘과 순정을 다 바친 첫사랑의 아련한 그리움과는 사뭇 다른 못 견디게 서글픈 애잔함입니다.
 혹 첫사랑이라고 명명할 수 있을지 모를 어머니와 가족과 우리 이웃들의 소소하지만 따뜻한 이야기를 눈가에 눈물이 메마른, 가슴이 버석버석한 사람들에게 전해주고 싶었습니다.

 2년 전 봄, 온 세상에 새싹이 피어날 즈음 나의 소망은 현실로 이루어졌습니다.
 〈TV동화 행복한 세상〉을 제작하게 되면서 우리들 가슴속에 숨겨진 진실한 첫사랑을 오롯이 풀어낼 수 있게 되었습니다.
 아름답고 가슴 따뜻한 이야기를 찾아내고, 한 편의 애니메이션으로 담아내는 일은 결코 쉬운 일이 아니었습니다.

밥 먹는 시간, 잠자는 시간… 줄일 수 있는 건 모두 줄였고, 몇날 며칠 밤을 새워가며 일을 했습니다.

하지만 시간은 턱없이 모자랐습니다. 줄어들기보다 오히려 첩첩으로 쌓여가는 근심과 난관들은 나를 더욱 지치게 만들었습니다. 프로그램 성과에 대한 막연한 불안감으로 쉴새없이 콩닥거리는 심장 소리는 귀울음처럼 신경을 곤두서게 했습니다.

어렵고 힘겨운 나날이 끊이질 않았지만 한 편의 작품이 완성되는 순간순간 몸서리치게 찾아드는 설렘과 행복이 나는 말도 못하게 좋았습니다.

그때 나는 이미 첫사랑에 중독되어 가고 있었습니다.

그렇게 첫사랑의 열병을 톡톡히 치른 후에야 우리들의 첫사랑을 고백할 수 있는 공간이 만들어졌습니다. 작품 한 편 한 편에 담긴 많은 이들의 첫사랑은 보고 또 봐도 가슴 찡한 감동을 줍니다.

〈TV동화 행복한 세상〉을 방송한 지 햇수로 꼬박 3년 여의 시간이 흘렀습니다.

내 진정한 첫사랑은 어머니라고 이제는 자신 있게 말할 수 있습니다.

지난 봄 나는 행여 닳을까 줄까 겁이나 쉬이 꺼내보지 못했던 어머니와의 추억을 프로그램을 통해 가감 없이 세상에 펼쳐 보였습니다.

허름한 밥상을 사이에 두고 어머니와 세상 사는 이야기를 나누며 사랑을 교류했던 순간을, 자정이 넘도록 귀가하지 않은 아들의 전화를 기다리며 잠 못 이루던 어머니의 애틋한 마음을 말입니다.

세상에 태어나 제일 처음 아들을 반겼던 분, 말라붙은 젖무덤에 하염없이 파고드는 막내아들이 안쓰러워 더욱 고이고이 보듬어주셨던 분, 나의 어머니를 나는 한시도 잊은 적이 없습니다.

그리움은 세월과 더불어 희석된다 하는데, 어머니를 향한 그리움은 시간조차 약이 되지 못하나 봅니다.

가슴에 영원히 묻어야 할 사람, 한평생 사랑할 수밖에 없는 운명의 인연, 어머니는 나의 진정한 첫사랑입니다.

얼마 전, 청명한 가을 하늘을 향해 손을 활짝 펼쳐보았습니다. 부챗살 마냥 시원스럽게 뻗은 다섯 손가락을 보며 나는 간절히 희망했습니다.

〈TV동화 행복한 세상〉이 더도 말고 덜도 말고 꼭 다섯 손가락과 같을 수 있기를… 엄지손가락과 같이 으뜸이 되기를, 집게손가락과 같이 훈훈한 정이 필요한 누군가를 콕 집어 가리킬 수 있기를, 가운뎃손가락과 같이 흐트러진 마음을 바로잡는 중심이 되기를, 약손가락과 같이 사랑을 맹세할 수 있기를……. 그리고 〈TV동화 행복한 세상〉이 앞으로도 따뜻한 이야기를 통해 가슴 훈훈한 사랑을 전하겠다는 약속을 새끼손가락과 같이 자신 있게 할 수 있기를…….

박 인 식
KBS 〈TV동화 행복한 세상〉 담당 프로듀서

TV동화 행복한세상 5 | 차례

6 　머리말 | 영원한 그리움, 우리들의 첫사랑 · 박인식

272 　〈TV동화 행복한 세상〉 원작 목록

1

어머니의 밥상

나만의 방 　18

반쪽이 부부 　22

어머니의 밥상 　26

아버지와 장미 　32

할머니와 케이크 　36

12시 5분 전 　40

아버지와 박하사탕 　46

짱의 눈물 　50

나의 아버지 　54

고등어 추어탕 　58

아버지의 낚싯대 　62

황혼의 사랑 　66

2
난보다 향기로운 쌀

- 72 　101호 할아버지의 꽃밭
- 76 　황홀한 식탁
- 80 　돼지 잡는 아저씨
- 84 　사랑의 우산
- 88 　난보다 향기로운 쌀
- 92 　사람 배달
- 96 　스키장에서 생긴 일
- 100 　대~한민국
- 104 　추억의 빵
- 108 　지하철에서 생긴 일
- 112 　사랑의 편지함
- 116 　따뜻한 포장마차

3
세상에서 가장 따뜻한 감자

누나들이 놓고간 사랑　122
김밥 남매　126
세상에서 가장 아름다운 다리　130
나의 형　134
하나뿐인 도시락　138
아버지의 선물　142
주먹밥과 용감한 형제　146
할머니와 인절미　150
특별한 동거　154
두 발 자가용　158
아주 특별한 김치찌개　162
세상에서 가장 따뜻한 감자　166

4
행복한 심부름

172 이름을 불러주는 선생님

176 사랑의 도시락

180 행복한 심부름

184 푸른 사과 하나

188 가로등 끄는 남자

192 나를 지켜준 사람

196 우리들의 연극

202 눈물의 야학

206 천사 해우소

210 친구의 모닝콜

214 찢어진 종이꽃

218 국화가 필 무렵

5

왼발잡이의 꿈

이상한 컵　224
진정한 후계자　228
천사와 노숙자　232
엄마 표 양념　236
우리 가족　240
아줌마 여고생　244
왼발잡이의 꿈　248
액자 속의 유산　252
눈에 비친 자비심　256
신발 속 모래　260
고통을 극복한 사람　264
사랑의 자장면　268

1

어머니의 밥상

비록 칠이 벗겨지고 허름한 밥상이지만,

그것은 어머니와 나의 알싸한 추억을

간직한 나만의 보물입니다.

어머니가 못난 자식에게 남기고 간 세상에

하나뿐인 보물단지입니다.

나만의 방

내가 중학교에 다니던 시절, 가족 누구에게도 '나만의 방'은 없었습니다.

책상에 앉아 공부를 하다가 물이라도 마시려고 고개를 돌리면, 언제나 식구들이 한눈에 들어왔습니다.

고단에 찌든 어머니와 아픈 몸을 이끌고도 개선장군처럼 꼿꼿한 아버지… 그리고 눈치가 있을 리 없는 어린 조카. 옥닥복닥 여러 식구가 모여 앉아 있는 그 방이 답답하게 느껴진 것은 단지 좁아서만은 아니었습니다.

내가 그 암울하고 무거운 집안 분위기를 털어내고 나만의 방을 발견한 것은 개발이 한창이던 서울 변두리의 허름한 극장에서였습니다.

다들 선뜻 앉으려 들지 않는 기둥 옆자리, 스크린이 사선으로 보이는 그곳은 벽이 없어도 명패가 붙어 있지 않아도 틀림없는 나만의 방이었습니다. 그곳에서 나는 수많은 영화를 보며 길을 찾고, 꿈을 키웠습니다.

그러나 가장 힘든 시기에 위로와 안식을 주던 그곳은 뜻밖에도 쉽게 잊혀졌습니다.

대학에 입학하면서 내 방이 생겼기 때문입니다. 삼류 극장 '나만의 방'에서 울고 웃으며 꿈을 키우던 그 시절 그 추억은 어느새 먼 기억속으로 사라졌습니

다. 그리고 대학 졸업 후 입사 10년이 채 안 돼, 예정에 없이 내 집을 장만하게 되었습니다.

늦둥이 막내아들이 장만한 널찍한 집에서 단둘이 살게 된 어머니는 아들이 대견하고 마냥 행복했습니다.

안방을 차지하게 된 어머니는 하루하루가 즐거워 보였고 그런 어머니를 바라보는 나 역시, 얼마나 뿌듯했는지 모릅니다.

그러나 어머니의 기쁨은 그리 오래가지 않았습니다.

갑작스레 찾아든 병마가 채 2년도 되지 않아 어머니의 행복을 앗아갔습니다. 어머니가 돌아가시고 이내 집안의 모든 공간이 나만의 방이 돼버렸습니다.

지금은 서재로, 침실로 넓은 집을 휘휘 젓고 다녀도 거치적거릴 사람 하나 없지만 불행히도 나는 그 옛날 변두리 삼류 극장이나 대학시절 처음

으로 차지한 내 방이 주던 행복을 이제는 느끼지 못합니다.

소중한 방은 안락함과 편안함을 주는 방이 아니라 꿈과 희망을 키워가는 방이라는 것을 나는 이제 잘 압니다.

견고한 벽을 치고 값비싼 가구를 들인 여러 이름의 내 방들은 단지 휴식의 공간일 뿐 나만의 방은 아닙니다.

오늘의 나를 만든 나만의 방은, 열병처럼 뜨거운 꿈을 꾸던 변두리 퀴퀴한 삼류 극장의 기둥 옆 바로 그 자리이기 때문입니다.

반쪽이 부부

오일장이 서는 날이면 장터는 언제나 사람들로 북적거립니다.

웅성웅성 모여 흥정하는 사람들, 자리다툼 하는 사람들, 언제나 시장통은 시끌벅적 온갖 사람들이 모이곤 합니다. 그 많은 사람들 가운데 트로트 메들리 소리, 탈탈 끄는 손수레와 함께 부부가 요란하게 등장합니다.

수레를 끄는 남편은 앞 못 보는 시각 장애인이고 수레에 탄 아내는 하반신이 마비돼 몸을 제대로 가누지 못하는 장애인입니다.

스스로를 반쪽이라 부르는 두 사람은 작은 손수레에 생활필수품들을 가득 싣고 다니며 생계를 꾸려갑니다.

"아저씨, 수세미 하나 주세요."

"수세미가 어디 있더라… 아, 여기 있어요."

눈을 감고도 혼자서 물건을 척척 잘 파는 남편을 보며 아내는 흐뭇한 미소를 짓습니다.

"얼마에요?"

"천 원, 천 원. 무조건 천 원입니다."

그런데 어느 날, 남편이 큰 실수를 저질렀습니다. 아내가 잠시 손수레에서 내려 숨을 돌

리며 쉬는 사이에 더듬더듬 수레를 끌고가던 남편이 고무장갑 하나를 팔게 되었습니다.

"자, 고무장갑 여기 있습니다."

"… 여기 돈이요."

고무장갑을 받아든 아주머니는 천 원짜리를 내고도 만 원짜리라고 속인 것입니다.

"그거… 만 원짜린데요."

"아, 죄송합니다. 9천 원 거슬러 드릴게요."

다른 날 같으면 손끝으로 꼼꼼히 확인을 했을 텐데 그날은 뭐에 씌었는지… 확인도 하지 않고 9천 원을 거슬러 준 것입니다.

"내가 고무장갑 하나 팔았지. 자 여기 만 원."

만 원이라며 천 원짜리 한 장을 내미는 남편을 보며 아내는 기가 막혔지

만 아무런 내색도 하지 않았습니다.

"당신 이제 나 없어도 장사 잘하네."

만일 아내가 잘못 거슬러 준 9천 원이 아까워 남편에게 핀잔을 주었더라면 눈먼 남편은 자신의 처지를 비관하며 마음을 할퀴었을지도 모릅니다. 수레를 끄는 눈먼 남편과 그 남편의 두 눈이 되어주는 아내가 읍내 골목을 휘저으면 사람들도 자동차도 다 자리를 내주고 비켜섭니다.

부부의 느리고 아름다운 퇴근길을 방해하고 싶지 않아서입니다.

어머니의 밥상

갑작스레 얻은 병으로 어머니는 날 홀로 남기고 세상을 등지셨습니다.

 어머니가 세상을 떠나며, 나에게 남기고 간 건 외로움과 죄송스러움 그리고 허름한 밥상 하나였습니다. 지금도 나는 가끔 허기진 가슴을 달래려고 헤진 밥상 위에 어머니와의 추억을 한껏 부려놓기도 하지만 쓸쓸한 공복감은 조금도 채워지지 않습니다.

"어… 엄마. 그 밥상이 그렇게도 좋아?"

"그럼……."

마치 보물단지를 다루듯 어머니는 밥상을 닦고 또 닦았습니다.

"그만 버리자니까요."

"야야… 그냥 놔둬라."

제발 버리라는 구박에도 아랑곳하지 않고 품안에 자식인 양 애지중지하며 고이 보듬으시던 앉은뱅이 밥상.

"내가 이 밥상 덕에 우리 아들하고 밤마다 데이트도 하는데."

애물단지 같던 그 밥상은 언젠가부터 나의 근심을 차려놓는 밥상이 되었습니다. 회사에서 밤늦게 귀가하는 날이면 어김없이 어머니는 그

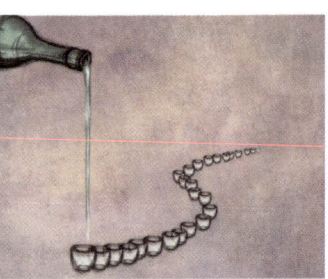  

허름한 밥상에 술과 안주를 차려 내오곤 하셨습니다.

밥상 앞에 앉아 어머니와 술잔을 나누며 이런저런 이야기를 하다 보면 어느새 내 근심 걱정은 다 사라지고 우울했던 기분은 풀어졌습니다. 허름한 밥상은 일 때문에 소홀했던 어머니와 나를 이어주는 오작교가 되어 주었습니다.

"후배가 일을 너무 못해요… 그래서 정말 힘든 거 있죠."

"야야. 니가 이해해라. 그래도 한 살이라도 더 먹은 니가 감싸줘야지……."

"그런가……."

어머니는 늘 그렇게 내 푸념을 들어주셨고 때로는 따끔한 충고도 아끼지 않으셨습니다.

어머니 가슴속 이야기를, 당신의 넋두리를 푼다면 한 달을 꼬박 새도 모

 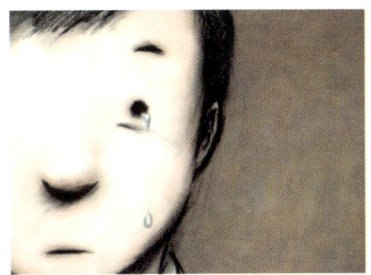 

자랄 텐데 아들의 말만 들어도 시간이 모자란 듯 어머니는 단 한 번도 당신 얘길 꺼내지 않으셨습니다.

"자, 건배하자."

"자… 건배!"

"하하하."

어머니와 나는 그렇게 밤새 웃음꽃을 피우며 술잔을 부딪치곤 하였습니다.

"자… 엄마, 확인!"

"하하하. 애도 참……."

이제는 그런 자리를 갖고 싶어도 갖지 못하는 나는 지나간 시간이 그립고 또 후회스럽기만 합니다.

한 번만이라도 밥상을 사이에 두고 어머니 가슴속에 서린 한을 귀기울여 들어볼 것을……. 자식만을 위해 살아온 어머니의 멍든 가슴을 딱 한

번만이라도 쓸어드릴 것을……. 그런 생각을 하다 보면 나도 모르게 눈물이 뚝 떨어지곤 합니다.

그런 안타까움 때문에 어머니가 내 곁을 떠나신 후에도 나는 그 밥상을 버릴 수가 없었습니다.

혼자 사는 동생이 걱정되어 청소며 빨래를 챙겨주러 오는 누나들은 아직도 냉장고 옆 구석자리를 차지하고 있는 그 밥상을 볼 때마다 한마디씩 합니다.

"이 밥상도 그만 버리자……."

"어… 어. 누나 그거 안 돼. 그냥 놔둬."

"이게 보물단지라도 되니? 아님 옻칠을 새로 하든가. 너무 낡아서 보기 흉하다."

"그걸 왜 칠해. 그 자체로도 좋은데……."

그렇습니다. 비록 칠이 벗겨지고 허름한 밥상이지만, 그것은 어머니와 나의 알싸한 추억을 간직한 나만의 보물입니다. 어머니가 못난 자식에게 남기고 간 세상에 하나 뿐인 보물단지입니다.

아버지와 장미

장날이면 아버지는 소나 돼지를 끌고 읍내 장터로 팔러 가셨습니다.

"오늘은 지발 일찍 들어와유. 술 드시면 안돼유."

어머니는 언제나 일찍 오라는 당부를 하셨지만 아버지는 한 번도 그 말을 귀담아 듣지 않으셨습니다.

"알았다구 글쎄… 잔소리좀 작작 해."

어머니의 당부는 얼마나 부질없는 것이었던지, 아버지는 장에 갔다 돌아오실 때면 언제나 거나하게 한 잔 걸치고 노래를 흥얼거리며 돌아오셨습니다.

밤늦게까지 뜨개질을 하며 아버지를 기다리던 어머니… 멀리서 술에 취해 비틀거리며 걸어오는 아버지의 손에는 으레 검정 비닐 봉지가 들려 있었습니다. 무뚝뚝한 아버시였시만, 십에서 기다리고 있을 딸에게 주려고 늘 이것저것 사들고 오셨습니다. 그 비닐 봉지 안에는 비틀비틀 걸어오다 부딪쳐 터져버린 감이며 부서진 생과자, 다 식어빠진 호빵 같은 것들이 들어 있었습니다. 소 판 돈을 얼마나 축냈는지는 알 수 없지만 돈을 건네 받던 어머니의 슬픈

표정은 지금도 잊혀지지가 않습니다.

그렇게 서글픈 세월이 흐르고 흘러 아버지는 머리카락이 하얗게 센 칠순의 노인네가 되었고 나는 시집을 가서 애엄마가 되었습니다.

먹고 살기 바쁘다는 핑계로 자식들이 코빼기도 보이지 않고 지내는 동안 어머니는 큰 사고를 당해 하반신을 못 쓰게 된 지 벌써 10년 세월이 흘렀습니다.

어머니가 몸져 눕게 되자 라면 하나도 끓일 줄 모르시던 아버지는 살림을 도맡아 하게 되었습니다. 그 후로 싱크대 위는 거울처럼 반짝반짝 빛이 났고 아무리 바빠도 세금 한번 밀린 적이 없다 하셨습니다. 믿기 힘들었지만 아버지는 예전의 아버지가 아니었습니다.

얼마 전, 나는 아주 오랜만에 시골 친정집을 찾아갔습니다. 방 안에 들어서자 물컵에 꽂혀 있는 장미 한 송이가 눈에 들어왔습니다.

 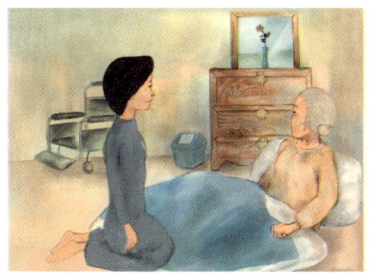 

"어머, 웬 장미유? 그거 참 별일이네……."

"으응… 그거 니 아부지가 나 보라고 꺾어 오셨댄다."

어머니는 볼품없이 시들어버린 장미 한 송이를 애지중지했습니다.

"아휴… 다 시들었는데 그만 버리지……."

내 말에 어머니는 시든 장미를 물끄러미 바라보면서 말씀하셨습니다.

"아버지의 마음인데 어떻게 버리니……."

순간 나는 가슴이 뭉클해졌습니다. 아버지는 젊은 날 어머니 가슴에 박았던 못을 그렇게 하나하나 빼주고 계셨던 것입니다.

아버지와 어머니의 애틋한 마음을 생각하니 그 시든 장미 한 송이가 어찌나 고와 보이던지… 나도 모르는 새에 입가에 미소가 번졌습니다.

할머니와 케이크

내가 아주 어릴 때의 일입니다.

그 옛날 할머니는 시골 작은 어머님댁에 살고 계셨습니다.

함박눈이 내리던 날, 나는 오빠와 함께 시골집 할머니를 뵈러 갔습니다.

우리가 시골집 마당에 들어서자 할머니는 달려 나와 우릴 꼭 껴안아 주셨습니다.

"할머니!"

"아이구 내 새끼들, 추운데 오니라고 고생했다."

할머니는 우리 볼을 비비며 반갑게 맞아주셨습니다.

"안 추워요 할머니."

"오냐 그래. 이여 빙으로 들어가사."

모처럼 서울서 내려온 손주들을 지글지글 끓는 아랫목에 앉혀놓고 할머니는 부엌에서 달그락 달그락 부산한 소리를 내시더니 한참 있다가 김이 모락모락 나는 무언가를 내오셨습니다.

"배고프지? 우선 이것 좀 먹고 요기혀. 햴미가 금방 밥채려주께."

하얗고, 뜨겁고, 물컹거리는 그것은… 달착지근

한 게 떡도 아니고 빵도 아니고 처음 먹어보는 이상한 맛이었습니다.

"할머니 이게 뭐예요?"

나는 궁금해서 물었습니다.

"으응 그거… 케킨가 뭔가 그렇다."

케이크라는 말에 오빠와 나는 그만 배꼽을 잡고 웃었습니다.

그 시절만 해도 무슨 행사 때나 먹을 수 있는 케이크를 며칠 전 누가 선물로 가져온 모양입니다.

할머니는 그 귀한 것을 서울서 손주들이 오면 준다고 한 조각도 축내지 않고 냉장고에 꼭꼭 감춰두셨던 것입니다.

막상 손주들에게 주려고 냉장고에서 케이크를 꺼냈다가 차디차고 딱딱한 게 마음에 걸려 찜통에 넣고 푹 쪘다는 것이었습니다.

김이 모락모락 나는 케이크. 오빠는 키득키득 웃음을 터뜨렸지만 나는

차마 웃을 수가 없었습니다.

"음… 맛있다."

흐물흐물 녹아내린 케이크에는 세상 그 무엇과도 바꿀 수 없는 할머니의 사랑이 배어 있었기 때문입니다.

나는 그해 겨울 할머니가 쪄주신 그 김이 모락모락 나던 케이크의 맛을 어른이 된 지금도 잊을 수가 없습니다.

12시 5분 전

12시 5분 전은 나에게 아주 특별한 시간입니다.

자정을 코앞에 둔 그 시각은 어머니와 나의 유일한 교감 시간이었습니다. 정확히 12시 5분 전이 되면, 나는 습관처럼 꼭 어머니께 전화를 겁니다.

"어머니, 저요… 헤헤. 걱정하고 안 주무실까 봐……."
"오냐, 엄마 안심하고 잘게 너도 너무 무리하지 말고 쉬엄쉬엄 일해."
"예 어머니."

나에겐 그저 습관처럼 거는 한 통의 전화였지만 어머니에게 그 시간만큼은 하루 종일 배를 곯아도 배부르고 넉넉한 만찬의 시간이라 하셨습니다.

"그래… 엄마 걱정은 말고 조심해서 들어와라."

다 커버린 자식이 뭐가 그리 걱정인지 어머니는 늘 안절부절 못하셨고 그런 어머니의 모습을 대할 때마다 나는 괜히 유난스럽다며 타박만 하곤 했습니다.

"인식이 왔니?"

어머니는 언제나 내가 집에 들어올 때까지 기다리다 얼굴을 보고 나서야 잠자리에 들곤 하셨습니다.

"아직도 안 주무셨어요?"

"그럼. 네가 들어와야 안심이 되지. 피곤하지?"

"으휴, 어머니."

옹고집인 내가 기세를 꺾고 12시 5분 전을 칼같이 지키게 된 건 집에 전화 한 통 없이 야근을 하고 새벽이 되어서야 퇴근하던 날의 일 때문이었습니다.

어머니의 단잠을 깨울까 봐 현관문을 살짝 열고 깨금발로 살금살금 들어서는데, 밤새 켜놓은 텔레비전 앞에서 어머니가 졸고 계셨습니다.

'아휴… TV가 그렇게도 좋으신가?'

좋아하는 드라마를 보느라 밤새 선잠을 주무셨나 싶어, 어머니를 깨우려는데 그때 어머니 무릎에서 뭔가 툭 바닥으로 떨어졌습니다.

수화기와 전화번호 수첩. 그것도 아들 회사 전화번호가 또렷이 적혀 있는 페이지가 펼쳐진 채였습니다.

어머니는 아들의 전화 한 통을 기다리며 먼저 걸까 말까 밤새 고민하셨던 것입니다.

우두커니 앉아서 졸고 있는 어머니의 늙수그레한 모습을 보자 나는 그만 넘쳐나는 눈물을 참을 수가 없었습니다.

앙상한 겨울 삭정이가 된 어머니를 살포시 안아 방에 뉘고 이불을 덮어 드렸습니다. 그때 고개를 돌리며 어머니가 잠에서 깨셨습니다.

"인식이 왔구나……"

"엄마… 죄송해요."

"죄송은 뭘… 12시 되기 전에만 전화 해주면 좋을 텐데. 이상하지? 12시 전에 전화가 안 오면 괜시리 불안해. 흐음……"

어머니는 잠결에 힘없이 작은 소리로 말씀하셨습니다. 어머니는 졸음을 떨치지 못한 채 이내 고른 숨을 내쉬며 아들의 불효를 다독거려 주셨습니다.

한 많은 세월, 한결같이 자식만을 생각하는 어머니의 올곧은 사랑을 생각하며 나는 그때 다짐했습니다. 무슨 일이 있어도 12시 5분 전 약속은 꼭 지키겠노라고…….

어머니가 하늘 나라로 떠나신 지 어느덧 1년 세월이 흘렀지만 나는 여전히 12시 5분 전이 되면 잊지 않고 하늘을 향해 전화를 겁니다.

'엄마… 사랑해요.'라고.

아버지와 박하사탕

시골에 사시는 친정아버지께서 오랜만에 서울나들이를 오셨습니다.

팔순이 넘도록 홀로 고향집을 지키며 살고 계신 아버지는 모처럼 서울 딸네 집에 다니러 오신 겁니다. 우리 부부는 서둘러 기차역으로 마중을 나갔습니다.

"아유, 아버지도… 미리 알았으면 저희가 모시러 가잖아요."

"내가 어린애냐… 이렇게 오면 될 것을."

고지식한 성격의 아버지는 늘 이렇게 불쑥 올라오시곤 하셨습니다.

아버지는 구부정한 허리로 한손에 낡을대로 낡은 가죽 가방을 들고, 또 한 손에는 박하사탕 한 봉지를 사들고 오셨습니다.

"아유… 이건 또 뭐하러 사 오세요. 사탕을 누가 먹는다구."

나는 아버지 손에 든 박하사탕 봉지를 받아늘며 핀잔 아닌 핀잔을 해댔습니다. 남편까지 한마디 거들었습니다.

"장인어른, 지난번에 사다주신 박하사탕 먹다가 저 이 부러졌습니다, 하하하."

주름진 아버지의 얼굴에는 얼핏 서운한 표정이 어렸습니다.

집에 와서 나는 아무 생각 없이 사탕

봉지를 거실장 위에 올려놓았습니다. 그리고는 저녁진지를 차려드린다, 장기를 둔다, 옛날 얘기를 한다, 부산을 떠나느라 아버지가 사온 박하사탕은 생각도 하지 못했습니다.

언제나 그랬듯이 다음 날 아버지는 서둘러 시골로 내려가셨습니다.

그런데 아버지를 역까지 배웅해드리고 돌아와서 보니 거실장 위에 놓아두었던 박하사탕이 보이질 않는 것이었습니다.

"어… 어디 갔지?"

나는 두리번거리며 남편에게 물었습니다.

"당신 여기 있던 박하사탕 치웠어요?"

"아니… 난 못 봤는데."

참 알 수 없는 일이었습니다.

박하사탕의 행방은 그날 저녁이 되어서야 밝혀졌습니다.

  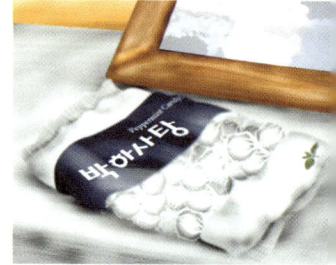

아버지로부터 전화가 걸려 와 잘 내려가셨느냐, 식사는 하셨냐 안부 끝에 사탕 생각이 나서 물었습니다.

"저… 아버지 혹시 박하사탕 도로 가져가셨어요?"

"그려. 아… 김서방이 사탕땜시 이빨꺼정 부러졌다며……."

아버지의 그 말씀에 나는 속이 상했습니다.

없는 돈에 체면치레한다고 사온 박하사탕 한 봉지를 먹을 사람이 있네 없네 하면서 아버지의 손을 부끄럽게 만든 것이 마음에 걸렸습니다.

순간 아버지가 서운해 하셨을 걸 생각하니 가슴이 뭉클해졌습니다.

"아버지… 다음에 오실 때 그 박하사탕 꼭 갖다주세요. 알았죠?"

그렇게 전화를 끊는데 가슴 한 구석이 박하사탕 맛처럼 싸아해져 마음이 아팠습니다.

짱의 눈물

고등학교 때 우리반에는 지독한 말썽꾼이 한 명 있었습니다.

단골 지각생에 결석을 밥먹듯 하고 화장실에 숨어서 담배 피우기, 마음에 들지 않는 애들 골라 때리기… 아무튼 못된 짓이란 못된 짓은 도맡아서 하던 친구였습니다.

아이들은 녀석을 멀리했고 선생님도 내놓은 자식 취급했습니다.

그러던 어느 날, 알 수 없는 일이 생겼습니다.

만년 지각생이 어찌된 일인지 제시간에 등교를 하고, 종일 담배를 피우지도, 아이들을 때리지도 않았습니다.

"우와… 오늘 해가 서쪽에 떴냐?"

반장이 그런 말을 해도 다른 날 같으면 장난으로라도 주먹이 한 방 날아왔을 법한데 개파전선이라노 했는지 얌전히 아무 반응이 없었습니다.

"너 무슨 일 있냐?"

내가 너무나 의아해하자 녀석은 더 이상 주먹을 쓰지 않고 지각이나 결석을 하지 않는 이유를 말해주었습니다.

녀석이 큰 말썽을 피우고 학교의 처분을 기다리고 있던 어느 날, 무심코 교무실 앞을 지나는데 어머니의 목소리가 들렸다고 했습니다.

"아유, 선상님… 한번만, 이번 한번만 봐주세유."

그때 녀석은 교무실 창 너머로 아들의 선처를 호소하기 위해 교감선생님 앞에서 무릎을 꿇은 채 앉아 있는 어머니의 뒷모습을 본 것입니다.

어머니는 계속 눈물을 흘리며 손을 모아 빌고 있었습니다.

못난 자식을 위해 애원하는 어머니의 모습을 본 순간 가슴 한구석에 고였던 죄스러움이 쓰디쓴 눈물로 역류했다고 그 친구는 말했습니다.

그날 밤, 어머니는 갈라지고 부르튼 손으로 아들 손을 꼭 잡고 당부했습니다.

"때리지 말고 차라리 맞아라. 어떡허든 학교는 마쳐야지… 못 배우면 평생 한이 된다……."

당신이 배우지 못해 아들을 허투루 살게 했다고 어머니는 자책하셨고 어머니의 그 간절한 애원 끝에 녀석은 눈물을 삼키며 그러겠노라 약속했던

것입니다.

그 후로 녀석은 점심시간을 빼고는 수업시간 내내 책상에 엎드려 조는 한이 있어도, 선생님에게 분필 세례를 받으면서도 아이들을 때리거나, 지각이나 결석만은 절대로 하지 않았습니다.

어머니의 뜨거운 눈물이 녀석의 얼어버린 가슴을 따뜻하게 녹여주었던 것입니다.

나의 아버지

월드컵 축구 스타 황선홍 선수가 어렸을 때의 일입니다.

어릴 때부터 축구를 좋아한 황선홍은 학교 수업이 끝나면 늘 친구들과 어울려 공을 차며 놀았습니다. 축구하는 재미에 푹 빠져 시간 가는 줄 모르고 운동장을 뛰어다니다 보면 어느새 어둑어둑해졌고, 친구들은 하나둘 제 엄마 손에 이끌려 집으로 돌아갔습니다.

"어여, 밥 먹으러 가자."

"안녕, 내일 봐. 나 먼저 갈게."

친구들이 집으로 돌아가고 나면, 홀로 남은 선홍은 어둠이 내려앉은 공터에 우두커니 앉아 있곤 했습니다.

엄마가 없는 아이. 엄마가 가출을 한 후 선홍은 아버지와 단둘이 살았습니다. 집으로 돌아오면 싸늘한 어둠만이 기다리고 있었습니다.

엄마에 대한 그리움을 잊기 위해 밤늦도록 공터에 홀로 남아 공을 찬 날도 많았습니다. 마음이 아프고 외로웠지만 축구를 할 때 만큼은 그 어떤 외로움도 그를 괴롭히지 않았기 때문입니다. 축구선수가 되어서 합숙훈련을 시작하자 어머니의 빈자리는 점점 크게만 느껴졌습니다.

다른 선수들의 어머니는 시도 때도 없이 합숙소를 드나들며 뒷바라지를 했지만 그를 찾아오는 가족은 아무도 없었습니다.

그러나 그는 결코 외롭지 않았습니다. 비록 일에 치여 합숙소를 드나들진 못해도 경기가 있는 날은 하루도 빠짐없이 나타나 응원하는 아버지가 계셨기 때문입니다.

"잘한다 내 아들… 옳지! 슛 골인!"

아버지는 아들이 시합을 하는 날이면 빠지지 않고 관중석에서 목이 터져라 응원을 했습니다. 그러던 어느 날 아버지는 교통사고로 다리를 심하게 다쳐 병원에 입원하게 되었습니다.

"아버지, 괜찮으세요?"

"괜찮다. 애비 걱정 말고 경기나 잘해 이눔아."

며칠 뒤, 중요한 경기가 열렸습니다. 황선홍은 병실에서 목이 터져라 응

원하고 계실 아버지를 생각하며 열심히 그라운드를 누볐습니다.

그러다 어느 순간, 무의식적으로 관중석을 힐끗 올려다본 황선홍은 깜짝 놀랐습니다.

아버지가 목발에 의지한 채 서서 아들을 응원하고 있었던 것입니다.

"어… 아버지."

황선홍은 골문을 향해 뛰면서 결심했습니다. 아버지를 위해서라도 반드시 대한민국 최고의 선수가 되겠다고 말입니다.

1996년, 아버지가 세상을 떠나던 날도 황선홍은 대표선수 유니폼을 입고 운동장을 뛰고 있었습니다.

2002년, 월드컵 4강의 꿈을 향한 첫골을 터뜨리는 순간, 그는 하늘에서 목이 터져라 응원하는 아버지의 모습을 보았습니다.

고등어 추어탕

나는 미꾸라지를 사러 시장에 갔습니다.

 남편이 며칠 전부터 추어탕, 추어탕 노래를 부르는 바람에 큰맘 먹고 장을 보러 간 것입니다. 생선가게 아줌마가 소리쳤습니다.

"미꾸라지 미꾸라지. 싸다 싸!"

그 아줌마는 멀찍이 서서 구경만 하는 나를 불러 세웠습니다.

"펄떡펄떡 뛴당께. 추어탕 만들면 맛이 끝내준당께."

미꾸라지를 삶아 뼈째 갈아 만든 전라도식 추어탕을 세상 제일의 별미로 아는 남편을 위해 집을 나서긴 했지만 미꾸라지가 꿈틀대는 걸 보는 순간 온몸에서 소름이 돋았습니다.

한번도 추어탕을 끓여본 적이 없는 나는 요리책을 보고 어찌어찌 한다 해도 저 꿈틀대는 걸 맨손으로 만져야 한다고 생각하니 얼굴이 찌푸려졌습니다.

"으… 으 징그러. 싫다 싫어……."

아무래도 다시 생각해야지 싶어 다른 찬거리를 찾는데 살이 통통하고 푸른 등이 반짝이는 고등어가 눈에 들어왔습니다. 언젠가 텔레비전 요리프로에

 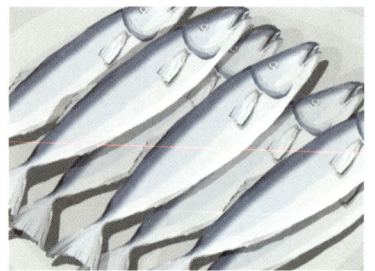 

서 고등어를 추어탕처럼 끓이던 게 생각났습니다. 고등어에 된장을 넣고 삶아 비린내를 없앤 후 갖은 양념을 하면 추어탕과 맛이 비슷하다는 요리사의 말도 생각났습니다.

'그래 저거다!'

"고등어 다섯 마리 주세요."

"예. 고등어가 싱싱합니다."

나는 미꾸라지 대신 커다란 고등어를 사고 배추 우거지를 잔뜩 사들고 와 요리를 시작했습니다. 삶은 우거지를 고춧가루와 생강, 다진 마늘 등으로 양념해 잘 버무린 후 고등어살 갈아놓은 것과 함께 큰 냄비에 넣고 팔팔 끓였습니다.

"어디… 맛좀 볼까?"

사 먹는 추어탕과는 그 맛이 달랐지만 얼큰하고 담백하면서도 고소한 게

먹을 만했습니다. 나는 의기양양한 목소리로 남편에게 전화를 걸었습니다.

"추어탕 끓였으니까 일찍 들어오세요."

추어탕을 끓였다는 전화에 남편은 퇴근하기가 무섭게 집으로 달려와 양복저고리도 벗을 새 없이 식탁에 앉았습니다.

"야… 당신이 어떻게 추어탕 끓일 생각을 다 했어?"

남편은 입맛을 쩝쩝 다시며 허겁지겁 추어탕을 떠 먹었습니다.

"음… 냄새 좋은데! 미꾸라지가 굉장히 컸나 봐? 후우… 뼈는 없고 살만 씹히는 게."

나는 남편이 가짜 추어탕이란 걸 눈치챌까 봐 가슴이 찔끔했습니다.

남편은 땀까지 뻘뻘 흘려가며 그릇째 들고 국물 한 방울 남김없이 싹싹 비웠습니다. 가짜 추어탕인지도 모르고 맛있게 먹는 모습을 보는 것만으로도 나는 마냥 배가 불렀습니다.

아버지의 낚싯대

오늘은 미루던 창고 청소를 하기로 마음 먹었습니다.

먼지 폴폴 피우며 대청소를 하는데 미처 치우지 못한 채 구석에 쳐박아 두었던 낚시 가방이 눈에 띄었습니다. 대충 먼지를 털어내고 지퍼를 열어보니 생전에 아버지가 쓰시던 낚싯대들이 오밀조밀 누워 있었습니다.

가방 안에는 아직 새것인 채 감겨 있는 낚싯줄이며 밤낚시용 손전등까지 아버지의 숨결이 배고 손때가 묻은 낚시 용품들이 가득 들어 있었습니다.

내가 결혼하던 무렵 아버지는 사업에 실패하고 빚쟁이들한테 쫓겨 다니셨습니다.

그때마다 닦고 닦고 또 닦아 핑계처럼 둘러매고 나가시던 낚시 가방.

그린 아버지를 볼 때마다 어머니는 한숨 섞인 푸념을 하곤 하셨습니다.

"당신은 좋겠수. 도망갈 데가 있어서……."

어머니는 괜히 애꿎은 낚시 가방만 구박했습니다.

"아휴 꼴 보기 싫은 저 가방… 어디 안 보이는 데 치워버릴까 부다."

그러던 어느 날 나는 아버지로부터 편지 한 통을 받았습니다.

'사랑하는 동주에미야'로 시작되는 편지의 내용은, 사위 잘 얻었다는 자랑에서 일본에 사는 시누이 자랑까지 친구들한테 자랑이란 자랑은 다 했는데 이제는 더 이상 자랑거리가 없다는 사설과 함께 낚싯대가 너무 낡아 고기가 안 잡히니 새 낚싯대를 사 달라는 것이었습니다.

"낚싯대를 사준다고 생각 말고 이 애비한테 자랑거리를 준다고 생각해라."

나는 편지를 다 읽고 나니 화부터 났습니다. 아버지가 어쩌다 이렇게까지 누추해지셨을까 하는 생각이 들어서 말입니다. 속상해서 어쩔 줄 몰라 하고 있는데 남편이 다가와 슬며시 아버지의 편지를 보았습니다.

남편은, 진작 용돈을 드렸어야 하는데 미처 생각을 못했다며 당장 돈을 부쳐드리자고 수선을 피웠습니다.

나는 남편의 그 마음이 고맙고 미안해서 차마 얼굴을 들지 못한 채 눈물만 뚝뚝 흘렸습니다.

그 일이 있고 나서 몇 년 세월이 흘렀습니다.

병을 얻어 시름시름 앓으시던 아버지는 우리 부부를 불렀습니다. 지난 일을 이것저것 회상하시다가 병석에 눕기 전 내가 사 드린 자랑거리용 낚싯대를 깨끗이 정리해 당신의 사위에게 물려주셨습니다.

"자네가 잘 간수했다가 이다음에 나 일어나면 돌려주게나."

"아버님도 참… 빨리 일어나셔야죠."

나는 아버지의 약한 모습에 눈물이 났습니다. 하지만 두 번 다시 그 낚싯대로 세월을 낚지 못한 채 아버지는 세상을 뜨셨습니다.

그냥 단순한 낚싯대가 아니라 아버지의 유일한 자랑거리였던 낚싯대. 나는 그 낡은 유품을 아버지 사진 앞에 가만히 놓아드렸습니다.

황혼의 사랑

나는 상가 건물에서 작은 지물포를 운영하고 있습니다.

어느 날 오후, 노부부가 함께 벽지를 사러 가게로 들어왔습니다.

"어서오세요. 벽지 사시게요?"

한눈에 보기에도 두 노인은 금슬 좋은 한 쌍이었습니다.

"뭐가 좋을까… 당신이 골라보구려."

"내가 뭘 알아. 할멈이 골라. 당신 좋으면 되지."

노부부는 서로 마음에 드는 걸 고르라며 밀거니 당기거니 즐거운 실랑이를 한참 하더니 결국 할머니 마음에 드는 벽지를 골랐습니다.

"이건 어때유 영감?"

"좋구먼. 허허……."

"이쁜 걸 고르셨네요. 그린데, 도배해 줄 사람은 있구요?"

"우리 둘이 하지유."

그 연세에 도배를 손수 하신다니… 허리도 제대로 펴지 못하실 것 같아 걱정이 되었지만 서로 한 귀퉁이씩 맞들고 하면 못할 것도 없겠다 싶었습니다.

나는 쉬엄쉬엄 하시라 말하고 카트에 벽지를 실어 드렸습니다.

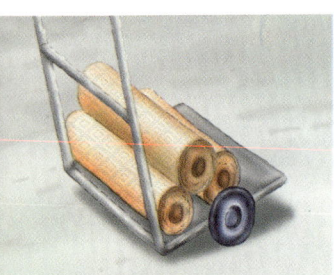  

그런데 다음 날 아침 일찍 할아버지가 가게 문 앞에서 문열기만을 기다리며 서 계셨습니다.

"어머… 벽지가 모자랐어요?"

할아버지는 머리를 긁적이며 작은 소리로 말씀하셨습니다.

"다 붙었어요. 허허허."

벽지가 다 붙었다니 대체 무슨 말인가 싶어 눈을 동그랗게 뜨자 할아버지는 자초지종을 털어놓았습니다.

사연인즉 할아버지 힘들까 봐 할머니가 새벽같이 일어나 벽지에 풀을 발라 차곡차곡 겹쳐 놓으셨다는 것이었습니다. 자고 일어나 바로 바를 수 있게 말입니다. 그러니 벽지가 어떻게 되었겠습니까…….

할아버지는 풀칠해 놓은 벽지를 떼려 했지만 찢어지고 구겨져서 쓸 수가 없게 되었습니다.

그제서야 뭐가 잘못됐는지 깨닫고 무안해 어쩔 줄 모르는 할머니를 달래느라 참말로 혼났다며 할아버지는 어제 사 간 벽지와 똑같은 걸 다시 달라고 했습니다.

새로 벽지를 사들고 멀어지는 할아버지의 뒷모습이 할아버지에 대한 할머니의 고운 마음처럼 아름다워 보였습니다.

2

난 보다 향기로운 쌀

"아니, 이게 다 뭐여? 영전 선물로 쌀이 오는 건
내 생전 첨 보네 그려."
"그러게요. 저도 리본 달린 쌀 배달은 난생 처음 해봅니다."
학교가 생겨난 83년 역사 이래 본관 건물로 쌀자루가,
그것도 리본까지 매단 채 배달되기는 처음 있는 일이라고
다들 여간 신기해하지 않았습니다.

101호 할아버지의 꽃밭

내가 101호 할아버지를 처음 본 건 아파트 잔디밭 앞에서였습니다

할아버지는 새벽부터 옷소매를 걷어부치고 땀 범벅이 된 채 땅을 파고 계셨습니다.

아파트 앞에 할아버지가 화단을 만들자 자동차 한 대를 세울 수 있는 주차 공간이 줄어들었다며 주민들의 반대가 이만저만이 아니었습니다.

"주차할 공간도 부족한데 화단은 무슨 화단이람……."

"주차 공간도 공간이지만, 여름에 벌레 꾀면 어쩌려고 그러시나 몰라."

주민들의 반발은 날이 갈수록 커져만 갔습니다.

"아파트 마당이 할아버지 건가, 나참……."

동네사람들이 뭐라 하건 할아버지는 남몰래 물도 주고 거름도 주고 정성껏 꽃을 가꾸었습니다.

아파트 옥상에 씨앗을 널어 말리기도 하면서 꽃밭 만드는 일을 그만두지 않았습니다.

아니, 오히려 할아버지는 보란 듯이 더 열심히 꽃밭을 가꾸었습니다.

그렇게 가을이 가고 겨울이 가고 봄이 왔습니다.

아파트 단지를 오고가는 사람들은 문득 할아버지의 화단 속 화초들이 하얀 노랑 꽃망울이 맺혀 있는 걸 보게 되었습니다.

노란 우산을 쓰고 가던 아줌마와 꼬마가 말했습니다.

"와아… 꽃이 예쁘게 피었네!"

티 없는 아이들이 맨 먼저 화단에 눈길을 주기 시작했습니다. 아이들을 데리고 놀러 나온 엄마들도 꽃향기를 맡았습니다.

"봄이 여기 와 있었네 좋은데…?"

이제는 경비아저씨들까지 나서서 틈틈이 벌레를 잡아 주거나 화단 가꾸는 일을 거들었습니다.

"꽃이 피니까 참 좋죠?"

"으흠 허허허."

지금도 이따금 주차 공간 축낸다고 투덜대는 주민들이 어떻게 해볼 요량

으로 그 앞을 서성거리지만 막상 오고가며 꽃들을 보고 나면 꽃밭을 없애자는 말은 입밖에 꺼내지 못합니다.

주차 공간은 줄어 들었지만 101호 할아버지의 고집으로 만들어진 작은 꽃밭이 어느새 우리동네의 자랑거리가 되었기 때문입니다.

황홀한 식탁

지하철역 앞 큰길가에 오래된 설렁탕집이 하나 있었습니다.

그 작은 식당 문 앞엔 이런 글귀가 붙어 있습니다.

〈헌혈증 한 장으로 설렁탕 한 그릇을 드실 수 있습니다.〉

식당 주인은 카운터 옆에 헌혈증을 모아두는 통까지 마련해 두었고 그 투명한 통 속에는 이미 꽤 많은 헌혈증이 쌓여 있었습니다.

손님들이 궁금해서 묻습니다.

"흐흠… 5천 원짜리 설렁탕이 공짜라……."

"헌혈증을 모아 어디다 쓰시게요?"

"네… 백혈병을 앓는 아이들을 도우려구요."

속 모르는 사람들은 뻔한 상술일거라며 쑥덕거리기도 했지만 설렁탕집 주인의 진심을 알고 나서부터는 태도가 달라졌습니다.

"가만 있자. 어디 한 장 있을 텐데… 아, 여기 있어요"

지갑을 뒤져 헌혈증을 내는 손님의 얼굴에도 미소가 번졌습니다.

"아이고 고맙습니다."

"맛있게 드세요."

설렁탕 한 그릇을 먹고 헌혈증을 서른 장이나 놓고 가는 사람도 있습니

다. 학교나 직장에서 스무 명씩 한꺼번에 몰려오는 단체 손님도 생겼습니다.

할아버지와 손자가 손을 잡고 와서 설렁탕을 맛있게 먹고 가기도 합니다.

"이렇게 황홀한 설렁탕은 내 생전 처음 먹어보네 그려."

"저두요 할아버지."

설렁탕집 주인은 한 장 한 장 헌혈증서가 모일 때마다 뿌듯했습니다.

그렇게 황홀한 설렁탕과 바꾼 헌혈증을 모아들고 동사무소를 찾습니다.

"아, 또 오셨네요. 이번에도 많이 모아 오셨네요."

헌혈증을 받아드는 동사무소 직원의 입가에도 미소가 번집니다.

사람들의 따뜻한 손길로 모아진 헌혈증은 열한 살 금비를 살리고… 일곱 살 태연이도 살렸습니다. 이번에는 급성 림프구성 백혈병으로 생명이 꺼져가는 다섯 살 지훈이를 살릴 사랑의 피가 될 것입니다.

그런데도 설렁탕집 주인은 헌혈증을 모아 도움을 준 아이나 그 가족을 단 한번도 만난 적이 없습니다. 그들이 부담을 가질까 싶어서입니다.

하지만 어떻게 알아냈는지 찾아오는 사람도 있습니다. 태연이가 그런 경우입니다. 태연이네 가족도 굳이 이름을 밝히지 않고 조용히 와서 먹고 갑니다. 혹 설렁탕값을 받지 않을까 봐 신경이 쓰여서입니다.

설렁탕 한 그릇의 황홀한 식탁. 거기에 담긴 사랑은 오늘도 그렇게 말 없이 사람들 사이를 돌고 또 돕니다.

돼지 잡는 아저씨

내 별명은 돼지 잡는 아저씨입니다.

은행 창구에 앉아 아이들이 고사리 손으로 들고 오는 돼지 저금통을 뜯어 통장에 예금시키는 일이 나의 주업무이기 때문입니다.

오늘도 엄마 등에 업혀 온 귀여운 사내아이가 돼지 한 마리를 내밉니다.

"와 뚱보 돼지네… 어디 얼마나 먹었나 볼까?"

나는 능숙한 솜씨로 돼지 저금통의 배를 가르고 동전을 꺼냅니다. 쏟아지는 동전을 보는 아이는 신기하기만 한가 봅니다.

"헤헤… 재밌다."

십 원짜리 백 원짜리 오백 원짜리… 저금통 안에는 성냥개비처럼 돌돌 만 종이돈까지 가득했습니다. 나는 종별로 분류해 입금한 뒤 통장에 도장을 찍어 아이에게 주었습니다.

"저축 많이 했구나. 착하네."

칭찬을 받아 기분이 좋은지 아이와 엄마는 활짝 웃습니다.

그런데 오늘은 아주 희귀한 것을 한 마리 잡았습니다. 한 아이가 비둘기 저금통을 가져온 것입니다.

"어… 손님, 이 비둘기는 못 잡겠습니

다. 예쁜 눈으로 저를 흘겨보잖아요 헤헤."

어설픈 나의 농담이 채 끝나기도 전에 아이의 큰 눈에 눈물이 그렁그렁 맺혔습니다.

"으앙… 엄마, 내 비둘기 죽는거야? 살려줘요."

나는 우는 아이를 달래며 되도록이면 상처가 적게 나도록 비둘기 배를 갈랐습니다. 그리고 동전을 꺼낸 뒤 투명 테이프로 다시 잘 붙여 돌려주었습니다.

"아가야 이 비둘기는 배가 아파서 아저씨가 고쳐준 거야… 다음부턴 이 축구공에 저금하자, 알았지?"

아이는 돈을 많이 모아 스케이트를 사겠다며 비둘기와 축구공을 품에 안고 행복한 얼굴로 돌아갔습니다.

사랑의 우산

유치원에 다니는 아이의 성화로 잉꼬새 한 쌍을 키우게 되었습니다.

"리본… 처키. 맘마 먹을 시간이다."

"처키랑 리본이 그렇게도 좋아?"

"응. 무지 좋아."

아이는 정성 들여 모이를 주고 냄새나는 새집 청소도 너무나 천연덕스럽게 해냈습니다.

"엄마, 나 갔다올 때까지 잘 보고 있어야 돼?"

유치원에 갈 때도 마음이 놓이질 않는지 잘 돌보라고 몇 번이나 다짐을 받고는 손을 흔든 뒤 집을 나서곤 했습니다.

그러던 어느 날, 친정집에 모임이 있어서 온가족이 하룻밤 묵고 와야 할 일이 생겼습니다.

"잉… 엄마 안 가면 안돼?"

"왜 그러니?"

"처키랑 리본이 밥은 누가 줘 그럼?"

잉꼬새가 배고파 죽을까 봐 가기 싫다는 아이를 어르고 달래서 겨우 집을 나섰습니다.

"가자……."

다음 날 아침부터 주룩주룩 비가 내렸습니다. 비가 그칠 줄 모르고 쏟아지자 아이는 울음을 터뜨렸습니다.

"우아아앙… 처키랑 리본이 베란다에 있단 말야 죽으면 엄마가 책임져."

울음을 그치지 않고 죽으면 책임지라는 협박까지 하는 통에 집안행사도 치르는둥 마는둥 집으로 돌아와야 했습니다.

그런데 집 앞에 도착해 보니 우리 윗집인 3층 베란다에 커다란 우산이 펼쳐져 있었습니다.

그것도 정확히 우리집 새장 바로 위에 말입니다.

이사온 지 얼마 되지 않아 이웃집에 인사도 제대로 못한 사이인데 고마울 따름이었습니다.

비록 그 작은 우산이 비를 다 막아내지는 못했지만 그것은 분명 새장 속 새에 대한, 그리고 이웃에 대한 이웃의 사랑이었습니다.

난보다 향기로운 쌀

내가 대학원 교학부장직을 맡게 되었을 때입니다.

주위분들이 축하 선물로 난초 화분 몇 개를 선물로 보내주었습니다. 조금 유치하긴 하지만 일생에 처음 있는 일이어서 속으로 무척 반갑고 신기하기까지 했습니다.

학교에서는 승진 기회가 흔치 않아 그나마 몇 개 있는 보직도 대다수 선생들에게는 기피 대상이기 때문입니다.

하지만 반가운 것은 잠시뿐 두고 보자니 이게 아니구나 하는 생각이 들어 화분을 보내 주신 분들께 일일이 전화를 드렸습니다.

고맙긴 하지만 다음에 또 축하할 일이 생기면 그때는 난 대신 쌀을 보내달라고 전했습니다.

"아 글쎄… 비싼 난 잘 키울 자신도 없고 쌀 같으면 내 아주 향기롭게 쓸 수 있다니까. 허허."

모두가 껄껄 웃었지만 그 실없이 들렸을 부탁이 현실로 나타난 건 그로부터 5년 뒤였습니다.

내가 학교 홍보실장 직함을 달게 되자 이번에도 주위에서 축하 인사를 건네 왔습니다.

 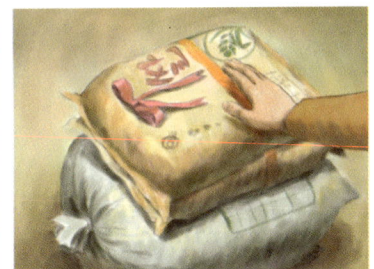 

각양 각색의 리본이 달린 10킬로그램짜리, 20킬로그램짜리 쌀 자루가 하나 둘 학교로 배달된 것입니다.

수위실 아저씨는 의아해했습니다.

"아니, 이게 다 뭐여? 영전 선물로 쌀이 오는 건 내 생전 처음보네 그려."

"그러게요. 저도 리본 달린 쌀 배달은 난생 처음 해 봅니다."

배달 온 총각도 맞장구를 쳤습니다.

학교가 생겨난 83년 역사 이래 본관 건물로 쌀자루가, 그것도 리본까지 매단 채 배달되기는 처음 있는 일이라고 다들 여간 신기해하지 않았습니다.

"으흠… 됐어."

그 날 오후 나는 트렁크 가득 리본 달린 쌀포대를 싣고 학교를 나섰습니다.

쌀포대를 누구보다 반긴 것은 평소 내가 드문드문 들르곤 하던 양화대교 근처 지체장애인 시설의 수녀님과 그집 식구들이었습니다.

기별 없이 찾아가 트렁크의 쌀자루를 현관에 내리고는 말했습니다.

"이게… 난초 화분 대신 받은 승진 선물입니다."

수녀님의 얼굴에 환한 미소가 번졌습니다.

"흠… 호호. 어쩐지 쌀에서 향기가 나는데요?"

"하하… 향기까지야……."

나는 멋쩍이 뒤통수를 긁긴 했지만 그때 그 쌀에는 분명 난보다 진한 향기가 배어 있었습니다.

사람 배달

2년쯤 전의 일입니다.

시골에서 상경해 직장에 다닌 지 두 달째 되었을 때 엄마한테 한숨 섞인 전화가 걸려왔습니다. 동생의 안부를 물으시는 엄마는 걱정이 태산이었습니다.

"엄마, 내가 요즘 바빠서 걔가 어떻게 지내는지 잘 모르겠는데……."

"아무래도 돈이 궁할 것인디… 어떡허냐."

"알았어 엄마, 내가 한번 찾아가볼게."

동생이 며칠 전 인천 남동공단에 취직을 했는데 월급날까지 쓸 생활비를 제대로 쥐어 보내지 못했다는 걱정이었습니다.

나는 번지도 분명치 않은 주소 하나 달랑 받아들고 동생을 찾아갔습니다. 초행이라 길을 몰라 택시를 탔는데 어디가 어딘지 잘 알 수가 없었습니다.

"아유 이걸로는 못찾어요."

택시기사 아저씨도 주소만으로는 도통 알 길이 없다며 근처 큰길가에 내려주고 횡하니 가버렸습니다.

주위를 둘러봐도 공중전화 하나 없고 막막했습니다. 무작정 걸어가다 보니 빨간 우체통 앞에 서 있는 집배원아저씨가 보였습니다.

"저… 죄송한데요. 여기가 어디쯤 되는지요…….."

나는 그 아저씨에게 쪽지를 보여주며 길을 일러달라고 부탁했습니다.

"이 주소로는 좀 곤란하겠는데요… 몇 블럭인지 알면 쉬운데……."

아저씨 말을 듣고 나니 더욱 난감해졌습니다.

주소와 내 당황한 얼굴을 번갈아 보며 잠시 고민하던 아저씨는 우체국으로 전화까지 걸어 그 지역 담당에게 꼬치꼬치 가는 길을 물어봐 주었습니다.

"아가씨가 길을 잘못 들었구먼."

아저씨는 한숨까지 내쉬었습니다.

"저기… 저길로 다시 나가서… 아 그럴 것 없이 타요. 내 배달해 드릴게."

"예……?"

집배원 아저씨는 초행이면 길을 알려줘도 찾기 힘들 거라며 나를 오토바이 뒷자리에 태우고는 동생이 근무하는 공장까지 단숨에 데려다주었습니다. 그때는 고맙다는 인사도 변변히 못한 채 동생한테 뛰어갔지만 그 일이 있고 나서 나는 우편행낭을 든 아저씨들만 보면 그날의 그 고마운 배달사건이 떠올라 행복해집니다.

스키장에서 생긴 일

얼마 전 친정 식구들과 함께 스키장에 놀러 갔을 때의 일입니다.

상급코스에서 스키를 타는 형제들과 떨어져 중급코스에서 혼자 리프트를 타고 올라가는데 안주머니에서 휴대폰 벨이 울렸습니다.

"하필 이럴 때 전화가 오네……."

하지만, 장갑에 폴대까지 손목에 끼고 있는 상황에서 허둥대다 보니 전화는 그냥 끊어졌고 가까스로 장갑을 다시 꼈는데 한쪽 손목에 있어야 할 폴대가 보이지 않았습니다.

"폴대가 하나 없잖아? 어… 어디서 떨어졌지?"

유심히 살폈지만, 폴대는 보이지 않았습니다. 하나뿐인 폴대로 스키를 탈 수는 없는 일이었습니다. 나는 리프트에서 내리자 마자 스키장 직원에게 도움을 청했습니다.

"저기요… 폴대를 하나 떨어뜨렸는데요."

하지만 스키장 직원들은 자기네는 모르는 일이라며 손님이 떨어뜨렸으니 손님이 직접 가서 주으라고 고개를 가로저었습니다.

"폴대없이 어떻게 내려가요… 좀 주워다 주시면 안 돼요?"

"여기서 잠깐 기다리세요."

그때 옆에서 사정하는 내 소리를 듣고 있던 다른 직원이 웃으며 눈과 나무로 둘러싸인 언덕을 뛰어 내려갔습니다.

그리고 얼마나 지났을까?

숨을 헐떡이며 올라오는 그의 손에 잃어버린 폴대가 들려 있었습니다.

"이거 맞죠?"

"네, 고마워요. 어머… 땀 좀 봐. 이 신세를 어떻게 갚죠?"

"아닙니다 손님께서 불편한 일이 있으면 도와 드리는 게 제 일인데요. 저희는 손님들이 편히 쉬었다 가시는 것만으로도 행복해집니다."

그 직원의 말은 나를 감동시켰습니다.

"그럼. 조심해서 타십시오."

쉬운 일 같지만 실천하기 힘든 일… 따뜻한 그 직원의 마음에 나는 추운 겨울날 따스한 봄볕을 느낄 수 있었습니다.

대~한민국

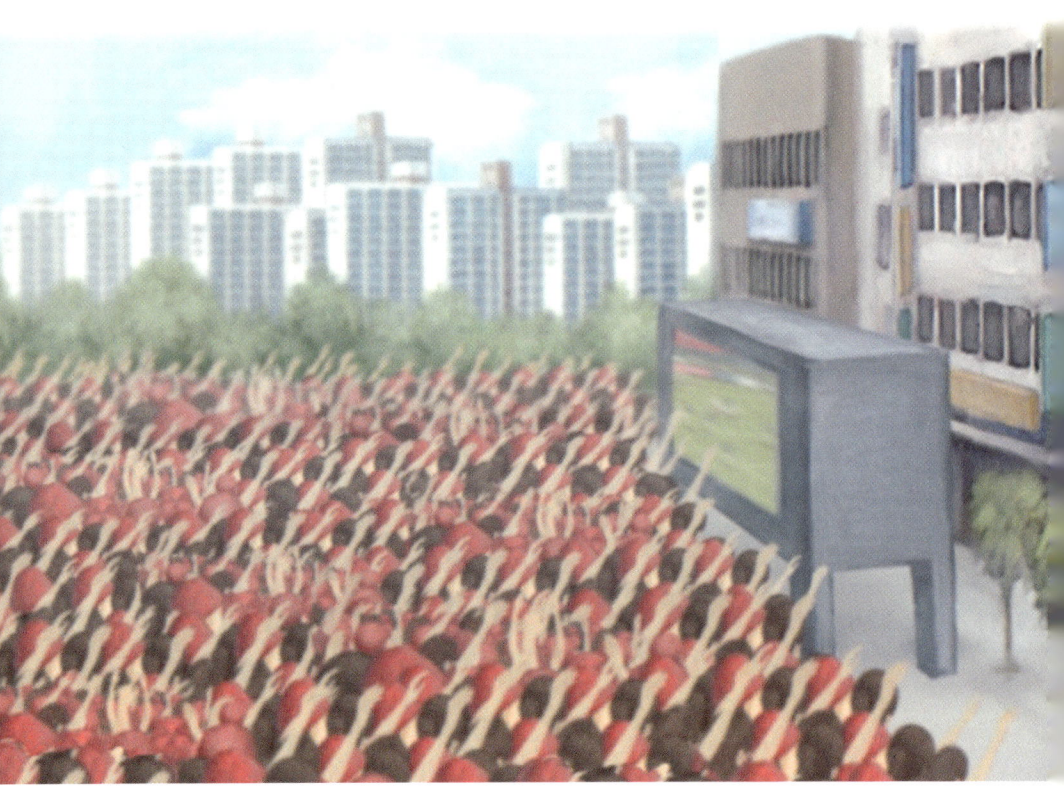

월드컵 열기가 온나라를 태양보다 뜨겁게 달구던 때의 일입니다.

2002년 6월, 축구에 모든 사람이 들떠 있던 그때 내 아들은 재수생이었습니다.

보나마나 책가방은 내팽개치고 붉은 악마 거리 응원전에 뒤섞여 고래고래 소리를 지르고 있을 게 뻔한 일. 나는 한숨이 절로 났습니다

"대~한 민국."

짐작대로 아들은 그 시간에 노원역앞 전광판에 시선을 꽂은 채 이탈리아전을 응원하고 있었습니다.

"으으……."

"골… 골인!"

우리나라의 승리가 확정되자 거리는 흥분의 도가니로 변했고 어느새 쓰레기가 난무하는 난장판이 되어버렸습니다. 그때 아들이 생각지도 못했던 일을 벌였습니다. 평소에 불의를 보면 못 참는 다혈질 답게 주머니를 탈탈 털어 쓰레기봉투 열 장을 산 것입니다.

"쓰레기를 주웁시다. 월드컵은 8강인데 시민의식이 이래서야 말이 됩니까

여러분!"

아들은 사람들에게 봉투를 나눠줘가며 소리쳤고 흥분을 가라앉힌 사람들이 속속 아들의 선동에 넘어가 쓰레기를 치웠습니다.

거리는 금세 깨끗해졌습니다.

그런저런 사정을 모른 채 잔뜩 독이 올라 아들이 돌아오기만을 벼르고 있던 나는 버럭 화를 냈습니다.

"너 지금이 몇 신데 이제 들어와?"

나는 아들에게 자초지종을 듣고 나서 나무라는 대신 그 대견한 어깨를 두드려주었습니다.

"누굴 닮아서 그렇게 오지랖이 넓으니?"

"나? 내가 엄마 닮았지 누굴 닮아… 헤헤."

아들은 입시공부 몇 자 더 하는 것보다 훨씬 값진 것을 경험한 셈입니다.

추억의 빵

내가 초등학교 3학년 때였습니다.

엄마가 몹시 아파 그날은 도시락을 싸가지 못했습니다.

"아… 배고파."

배에선 쪼르륵 쪼르륵 소리가 나고 배가 고파 죽을 맛이던 나는 수돗가로 달려갔습니다.

혹 누가 볼까 봐 한참을 머뭇대다 벌컥벌컥 물배를 채우고 있는데 누군가 내 옆으로 다가왔습니다.

학교 교문을 지키는 경비아저씨였습니다.

"아저씨……."

"점심시간인데, 밥 안 먹고 여기서 뭐하니?"

"도시락을 안 싸왔어요. 엄마가 많이 아프시거든요."

"저런……."

엄마가 아프셔서 도시락을 못 싸왔단 내 말에 아저씨는 마침 주머니에 넣고 있던 빵과 우유를 내미셨습니다.

"그럼 이거라도 먹어라."

나는 사양하고 말고 할 새도 없이 빵과 우유를 받아 게걸스럽게 먹어댔습니다. 세상에 그렇게 맛있는 빵은 없

을 것만 같았습니다.

그런데 그날 하교길에 친구들과 함께 집으로 가는데 경비실에서 아이 울음소리가 들렸습니다.

"어? 누가 우는 거지?"

"니들 먼저 가라."

나는 친구들을 보내고 안을 들여다보았습니다. 아저씨의 아들인 듯 보이는 아기가 배고프다며 칭얼대고 있는 것이었습니다.

"이눔아, 그만 좀 징징대라. 아빠가 있다가 집에 가서 빵이랑 우유 준댔잖어."

아저씨는 아들에게 주려고 사들고 가던 빵과 우유를 내게 주신 것이었습니다.

나는 그길로 구멍가게로 달려가 빵과 우유를 샀습니다. 그리고 쪽지와

  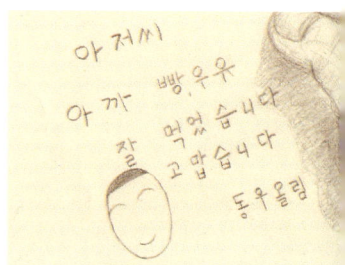

함께 경비실 문고리에 걸어놓고 문을 두드린 뒤 몸을 감추었습니다.

아저씨가 봉지를 발견했을 때, 그리고 그 봉지 속 빵과 우유가 점심시간 수돗가에서 물로 배를 채우던 아이의 작은 선물이라는 걸 알게 되었을 때 나는 경비실 앞 큰 나무 뒤에 숨을 죽이고 가만히 서 있었습니다.

지하철에서 생긴 일

수험생 영민이는 자율학습을 마치고 지하철 막차를 기다리고 있었습니다.

늦은 시간인데도 웬 사람이 그리 많은지 객차 안은 앉을 자리는커녕 서 있기도 비좁을 만큼 빽빽했습니다. 그런데 다른 곳과는 달리 사람들이 한 명도 서 있질 않아 휑한 자리가 눈에 띄었습니다.

"어? 저긴 비었는데……."

그리고 그 빈 자리 옆에 앉아 있는 사람들은 코를 싸쥐고 있는 것이었습니다.

무슨 일일까 궁금해 다가가니 누가 그랬는지 의자 앞에 오물이 쏟아져 있었고 참을 수 없을 만큼 역겨운 냄새가 풍겨왔습니다.

악취를 피해 모두가 코를 싸쥐고 달아난 것이었습니다. 주위를 둘러봐도 치우려는 사람은 아무도 없었습니다.

"치우고 앉으면 몇사람이 편하게 갈 텐데……."

생각이 거기까지 미친 영민이는 누군가 읽다 놓고 간 선반 위의 신문지를 모아들고 오물이 있는 곳으로 다가갔습니다.

사람들의 시선이 그에게 쏠렸습니다. 하지만 영민이는 아랑곳하지 않

지하철에서 생긴 일 _ 109

고 신문지를 돌돌 말아 오물을 닦아냈습니다.

깨끗이 닦아내는 데 시간이 좀 걸렸지만 말끔히 치운 뒤 천연덕스럽게 빈자리에 앉았습니다.

다음 정차역에서 열차가 서고 문이 열리자 피곤에 지친 한 할머니가 들어서더니 빈자리를 발견하곤 행복한 미소를 지으며 앉았습니다.

뒤따라오던 두 사람도 서슴없이 그 자리에 앉았습니다.

아까부터 그 광경을 지켜보던 승객들이 영민이에게 잘했다고… 잘했다고 칭찬의 미소를 보냈습니다.

사랑의 편지함

작은 동네 학교 앞에 구멍가게를 하는 총각 영권씨가 살고 있습니다.

영권씨의 구멍가게는 아이들에게 참새 방앗간과 같은 곳입니다. 딱히 살 게 없어도 우 몰려와서는 빈둥빈둥 놀기도 하고 숙제도 하고 합니다.

"3번 문제 틀렸네. 다시 한번 잘 생각해 봐."

"아저씨 학교 다닐 때 공부 잘 했어요?"

"그럼… 맨날 일등만 했지. 그치 엄마?"

방 안의 어머니를 보며 묻습니다. 삼촌 같고 과외 선생님 같고… 그런 영권씨에겐 다리가 불편해 아무 일도 못하는 어머니가 있었습니다.

그는 온 동네 사람들이 침이 마르도록 칭찬하는 효자였습니다.

그런데 어느 날 영권씨에게 아주 큰 아픔이 찾아왔습니다. 밤길에 운전을 하다가 그만 교통사고를 내고 경찰서에 잡혀간 것입니다.

작은 마을이라 영권씨의 사고 소식은 삽시간에 온 마을에, 그리고 온 학교에 퍼졌습니다. 그날 이후 영권씨의 구멍가게엔 두 개의 커다란 함이 생겼습니다.

하나는 물건값을 넣는 통이고 다른 하나는 아이들이 영권씨에게 보내는 편지함이었습니다.

편지함엔 영권씨를 염려하는 아이들의 마음이 차곡차곡 쌓여갔습니다.

그 사실을 알게 된 동네 어른들은 아이들 보기가 부끄러웠습니다.

정작 어른들은 합의금이 없어 풀려나지 못하는 영권씨를 위해 아무런 노력도 하지 않았기 때문입니다.

그날 밤 마을회관에서 긴급회의가 열렸습니다.

주머니 돈 쌈지 돈 성의껏 모아 합의금을 마련한 어른들은 영권씨를 대신해서 교통사고 피해자를 찾아갔습니다. 합의금을 다 채워 내놓기 전엔 어림없다던 피해자가 동네 어른들의 간곡한 부탁에 마음을 열었습니다.

며칠 후 영권씨는 노모가 기다리는 구멍가게로 돌아왔습니다.

아이들이 고사리 손으로 쓴 사랑의 편지가 동네사람들의 무관심을 질책하고 피해자의 굳게 닫힌 마음을 움직인 것입니다.

따뜻한 포장마차

을씨년스러운 밤이었습니다.

의경인 나는 경찰서 정문 근무를 마치고 언 몸도 녹일 겸 근처에 있는 허름한 포장마차로 간식을 사러 갔습니다.

포장마차에는 썰렁하니 손님이 단 두 명뿐이었습니다.

"어서오세요."

"아 춥다… 세 사람 먹을 만큼 싸주세요."

나는 동료들과 같이 먹을 어묵을 주문했고 아주머니는 국물까지 푸짐하게 담아주셨습니다. 값은 이천 오백 원. 나는 돈을 지불하고는 아주머니가 비닐에 담아준 걸 들고 경찰서 정문 보초실로 돌아왔습니다.

"출출한데 잘됐네."

동료들이 반겼습니다. 그런데 비닐 봉지 안에는 내가 낸 이천 오백 원이 그대로 들어 있는 것이었습니다.

"어? 어떻게 된 거지?"

순간 공돈이 생겼구나 싶었지만 그 낡고 허름한 포장마차에서 졸린 눈을 비벼가며 장사하는 아주머니 얼굴이 떠올라 마음이 편치 않았습니다.

나는 곧 포장마차로 달려가 봉지에 딸려온 돈을 돌려드렸습니다.

그런데 아주머니는 웃으며 돈 받기를 마다했습니다.

"그냥 넣어둬요. 우리 아들도 의경인데 의경이 무슨 돈이 있어."

조금 전엔 손님이 있어서 돈을 받는 척했다가 일부러 다시 봉지 안에 넣었다는 것이었습니다.

"잠깐만 기다려요… 샌드위치 좀 만들어줄테니."

"아… 아닙니다."

나는 한사코 사양했지만 아들 생각이 나서 그런다는 아주머니의 성의를 무시할 수만은 없었습니다.

"출출하면 언제든지 와서 먹고 가요."

"예… 그럴게요."

그 마음 따뜻한 포장마차가 있어서 그해 겨울 나는 조금도 추운 줄 모르고 지냈습니다.

3

세상에서 가장 따뜻한 감자

바스락바스락 가벼운 창호지 문이 슬며시 열렸습니다.

그리고 이제 막 기기 시작한 아이가 엄마를 향해

뒤뚱뒤뚱 다가 왔습니다.

저 어린것을 두고 어찌 죽을꼬…….

한숨을 푹 내쉬는데 아이가 엄마의 입에 뭔가를

가져다 대주는 것이었습니다.

누나들이 놓고 간 사랑

어머니가 세상을 떠나신 지 어언 두 달이 지났습니다.

주말이면 어김없이 찾아오는 불청객들이 있습니다.

"우리 왔다. 잘 지냈어?"

"어… 누나 오늘도?"

시집간 누나들은 어머니와 단둘이 살던 동생이 이제 혼자라는 현실이 못내 딱하고 안쓰럽던지 동생을 위한답시고 기별도 없이 찾아와 나의 주말을 부산하게 만들었습니다.

손맛 좋은 큰 누나는 일주일분 밑반찬을 맛깔스럽게, 손끝 야무진 둘째 누나는 노총각 냄새 폴폴 풍기는 묵은 빨래를, 깔끔 새침이 셋째 누나는 먼지 찾아 구석구석 집안 청소를, 알뜰살뜰 막내 누나는 조목조목 따져 가며 장을 보곤 했습니다.

"아유 귀찮아. 그렇게들 한가해?"

살갑게 고맙다는 소리를 하는 것도 아닌데, 집을 비울 때도 많은데, 누나들은 싫은 소리 한번 하지 않고 자질구레한 집안 일들을 그렇게 죄 해치웠습니다. 퇴근을 해서 집으로 들어서면, 노총각 혼자 사는 살림이라는 걸 아무도 믿지 못할 만큼 집안은 깔끔하게 정돈되어 있었습니다.

"오늘도 역시……."

냉장고를 한가득 채워놓고 빨래는 뽀송뽀송 말려 개놓고 다려놓고 먼지 하나 없는 바닥하며… 테이블 위 꽃병에는 색색깔 꽃까지 꽂아 놓고 갔습니다.

"못말리는 누나들이라니까."

누나들은 그렇게 가족과의 단란한 주말을 못난 동생에게 반납한 채 힘든 내색 한 번도 하지 않고 바지런히 내 집을 드나들었습니다.

요즘은 아예 달력에 이름까지 적어가며 당번을 정해 교대로 엄마의 빈자리를 메워주고 갑니다.

여전히 누나들이 오면 싫은 소리를 곧잘 하지만, 나는 알고 있습니다.

누나들이 그렇게 와서 놓고 가는 것은 단지 편리함이 아닌 동생을 진심으로 위하는 두터운 사랑인 것을 말입니다.

김밥 남매

아침 등교길이었습니다.

여느 때처럼 귀에 이어폰을 꽂은 채 버스정류장으로 가고 있는데 누군가 내 옷자락을 잡아끌었습니다.

"누나 김밥 사세요."

기껏해야 열 살쯤 됐을까… 볼이 발그레한 남자아이가 김밥 도시락을 코앞에 내밀며 말했습니다.

"꼬마가 웬 김밥이니?"

이상해서 주위를 둘러보니 정류장 한켠에 김밥이라고 쓰여진 보온박스 하나가 놓여 있고 소년의 누나인 듯한 여자아이가 누가 집어갈세라 그 곁을 지키고 있었습니다.

"미안해. 오늘은 아침을 먹었거든."

"괜찮아요, 다음에 꼭 사 주세요……."

소년가장인가, 아님 앵벌이?

나는 별 이상한 생각이 다 들어 김밥 파는 남매를 관찰하고 앉아 있는데 꼬마가 쪼르르 옆으로 다가왔습니다.

다시 김밥을 사라고 조를까 봐 방어태세를 취하려는 순간 아이가 옆자리에 앉아 있던 아저씨한테 말을 걸었습니다.

"아빠, 아침이라 사람들이 김밥을 잘 안 사요."

"그래. 괜찮아."

그 아버지는 어눌한 표정에 몹시 아프고 힘들어 보였습니다.

"어? 아빠 택시 한 대 왔어요. 갔다 올게요."

거동이 불편해 보이는 아빠를 위로하던 꼬마는 택시 한 대가 멈춰 서자

돌처럼 또르르 굴러가 창문을 톡톡 두드렸습니다.

"아저씨 김밥 맛있어요."

"어휴… 에이구."

아이의 또랑또랑한 목소리와 아이 아빠의 한숨소리가 겹쳐 들렸습니다.

어느새 다가왔는지 꼬마의 누나가 축 처진 아빠의 어깨를 감싸안았습니다.

말조차 하기 어렵고 몸을 가누기도 힘겨워보이는 아빠를 사랑으로 감싸

는 어린 남매의 모습을 보니 가슴이 짠했습니다.

망연히 그 광경을 지켜보다 버스를 타긴 했지만 나는 그 가족에게서 눈을 뗄 수가 없었습니다.

자신의 무능력을 탓하며 몸과 마음이 다 지친 듯한 아버지와, 아픈 아버지를 대신해 이른 아침 거리에서 김밥을 팔고 있는 아이들. 얼굴에 그늘 한 점 없는 그 어린 남매를 지켜보고 있자니 나도 모르게 주루룩 눈물이 흘렀습니다.

몇 해 전 우리 가족에게 닥쳤던 아버지의 실직… 그때 아버지를 돕기는 커녕 따뜻한 말 한 마디 건네지 못했던 나 자신에게 자책감이 밀려들었기 때문이었습니다.

세상에서 가장 아름다운 다리

만국기가 펄럭이는 운동회 날이었습니다.

"다음은 6학년 학생들의 엄마 손 잡고 달리기입니다."

선생님 말씀이 떨어지기가 무섭게 엄마 손을 잡은 아이들이 우르르 출발선으로 들어섰습니다.

거대한 운동장이 비웃음으로 가득찬 건 내가 엄마 손을 잡고 들어섰을 때였습니다.

"저거 봐, 다리가 이상해."

"하하하 달릴 수 있을까?"

엄마는 어려서 소아마비를 앓아 한쪽 다리를 심하게 절었습니다. 성치 않은 다리 때문에 아들이 행여 놀림이라도 당할까 봐 엄마는 늘 뒷전에서 계셨습니다.

그 설움이 얼마나 컸을지 너무나 잘 알기에 그날만큼은 남 앞에 당당히 설 기회를 드리고 싶었습니다.

"영준아, 아무래도 엄만 못 뛰겠어."

"엄마, 우린 꼭 일등 할 거야. 그치?"

"어… 그래."

출발 신호가 울리자 아이들은 저

마다 엄마 손을 잡고 달리기 시작했습니다.

서로 먼저 가려다보니 각양각색의 장면들이 연출됐습니다. 운동장은 어느새 요절복통 웃음바다가 되었습니다. 구경꾼들의 웃음소리는 이내 야유로 바뀌었습니다.

"영준아 엄마 더 이상 못달리겠다. 미안하다 영준아."

엄마의 붉어진 눈시울을 보는 순간 나는 생각했습니다. 여기서 포기한다면, 엄마의 기억속엔 평생 지울 수 없는 상처가 남을 것이라고.

"엄마, 내 등에 업혀요."

"영준아……."

"빨리요."

나는 주춤거리는 엄마를 와락 들쳐업고 달리기 시작했습니다. 소란스러웠던 운동장이 조용해진 건 그때였습니다.

내가 반칙을 했음에도 불구하고 모두가 숨죽여 우리를 지켜봤고 일제히 외치기 시작했습니다.

"달려라. 달려라!"

비록 꼴찌를 했지만 나는 그 열렬한 응원 덕에 끝까지 완주할 수 있었습니다. 운동회가 끝나고 시상식이 있었습니다.

교장선생님께서는 엄마의 손보다 더 소중한 엄마의 마음을 잡고 뛰었다며 내게 특별상으로 공책 2권을 주셨습니다.

집으로 가는 길에 내 등에 업힌 채 엄마가 말했습니다.

"영준아. 엄만 오늘 세상에서 가장 아름답고 튼튼한 다리를 선물받아 행복하단다."

"엄마 사랑해요."

나의 형

이천수 선수에게는 아픈 과거가 하나 있습니다.

톡톡 튀는 재치와 악바리 근성 그리고 멋진 패션 감각으로 무장한 이천수. 한국 축구의 희망이라고 불리는 그에게 얼마나 아픈 과거가 있었는지 사람들은 알지 못합니다.

이천수는 축구와 가난을 동시에 배웠습니다.

아버지가 20년 간 다니던 회사는 부도가 났고 어머니는 뇌종양에 걸린 할머니 뒷바라지를 위해 다니던 보험회사를 그만두어야 했습니다.

가세는 급격히 기울어 축구화 하나 제대로 살 형편이 못 되었지만 이천수는 고개를 숙이지 않았습니다.

그에겐 이세상 모든 걸 다 주고도 바꿀 수 없는 소중한 형이 있습니다.

천수의 등록금과 축구부 합숙비, 유니폼비를 댄 사람은 바로 연안부두 짐꾼으로 일하던 형이었습니다.

"합숙비 낼 때 지났지? 자 받어……."

"미안해 형 맨날……."

언제나 싸구려 축구화를, 그것도 앞뒤축이 다 닳아빠질 때까지 신으면서도 불평한마디 없던 천수가 지나가는

말로 형에게 한마디 던집니다.

"형, 호나우두 축구화라는 게 있대… 그런 건 무지 비싸겠지?"

형은 묵묵히 천수 얼굴만 바라보았습니다.

동생이 갖고 싶어하는 호나우두 축구화는 자그마치 이십만 원이 넘는 고가의 신발이었습니다.

선뜻 사줄 형편이 못됐던 형은 그날부터 버스비를 아끼고 점심을 굶어가며 돈을 마련했습니다. 천 원 이천 원 그렇게 마침내 20만 원이 모였습니다.

그런데… 문제가 생겼습니다.

"265밀리… 이게 제일 작은 거예요."

이천수의 축구화 사이즈는 그보다 한참 작았습니다.

결국 호나우두 축구화는 못 사줬지만 매사 그렇게 하나뿐인 동생을 위해

자신을 희생한 형이 없었다면 지금의 월드컵 영웅 이천수도 없었을 것입니다.

이제부터는 이천수 선수가 형에게 그 크고 깊은 사랑의 빚을 하나 둘 갚아 나갈 차례입니다.

형제는 세상에 단둘뿐이지만 그들은 결코 외롭지 않습니다.

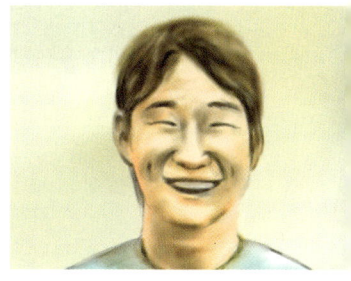

하나뿐인 도시락

우리 부부는 새벽같이 일을 하러 나갑니다.

"근영아, 엄마 아빠 갔다올게."

"아… 예."

IMF 한파에 힘없이 무너져 많은 것을 잃고 겨우 마련한 단칸방에서 힘들게 살아가던 어려운 시절이었습니다.

이른새벽에 집을 나서느라 아침 준비며 도시락 싸는 일을 중학교 일학년짜리 딸애한테 맡길 수밖에 없었습니다.

그런데 어느 날 어쩌다 보니 반찬도 밥도 모자라 도시락을 하나밖에 못 싸게 됐던 모양입니다.

당시 운동선수였던 큰애는 성장에 문제가 생겨 당분간 선수생활을 접고 있었기 때문에 누구보다 잘 먹이고 챙겨야 했습니다.

그린 지린 사징을 나 아는 둘째는 어쩔 수 없이 도시락을 하나만 쌌습니다. 그리고는 서둘러 집 앞에서 자전거를 타고 기다리는 오빠에게 다가갔습니다.

"오빠… 도시락 여기 있어."

"너는?"

"나는 오늘 일찍 끝나."

"그래? 얼른 타."

큰애는 평소처럼 동생을 자전거 뒤에 태웠습니다.

"이 도시락 들어줄래? 자전거 탈 때 불편하거든……."

언제나 각자가 등 뒤에 매고 다니던 도시락을 큰애는 그날따라 불편하다며 동생한테 맡겼습니다.

집에서 학교까지는 아주 먼 길입니다. 학교에 도착해 동생을 먼저 내려 준 뒤 동생이 도시락을 건네려는 순간 큰애는 쏜살같이 자전거를 타고 가며 소리쳤습니다.

"근영아! 점심 잘 먹어."

"어… 오빠, 이거 도시락."

그날 밤 네 식구가 모두 모인 자리에서 딸아이가 말을 꺼냈습니다.

"그야말로 눈물 젖은 밥이었어."

점심 시간에 도시락을 펴놓고 목이 메어 한참을 울었다는 아이의 말을

듣고 우리 부부는 생각했습니다.

아이들이 희망이라고…….

어렵던 시절, 우리 가족은 많은 것을 잃고 힘들었지만 아직은 다 잃은 게 아니라며 내일을 꿈꾸었습니다.

아버지의 선물

아버지는 월남전 참전용사였습니다.

중년이 되자 아버지는 트럭 한 대를 생계 밑천으로 장만했습니다.

낡은 트럭 한 대에 이 짐 저 짐 싣고 팔도를 누비는 일이 참 고단해도, 그래봐야 밥벌이는 시원찮아도, 언제나 휘파람을 불며 다녔습니다.

어느 날은 둘이 들기에도 무거운 현금출납기를 혼자서 옮기다가 발등이 깨진 적도 있었는데 피가 흥건하게 번지도록 큰 상처를 두루마리 휴지로 둘둘 말고는 남은 물건들을 마저 다 배달했다는 아버지……. 그런 아버지가 병원에 간 것은 지병인 당뇨가 심해져 더 이상은 방치할 수 없게 된 뒤의 일이었습니다.

"아주 안 좋다면 어쩌지."

"아빠 괜찮을 거야."

그 끔찍했던 월남전에서도 끄떡없이 살아 돌아온 기억을 훈장처럼 달고 사셨던 아버지가 두려움에 떠는 것을 본 것도 그때가 처음이었습니다.

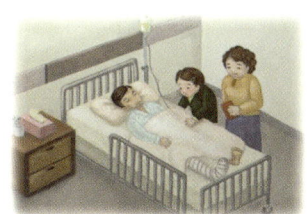

여러 날 입원 치료를 한 끝에 집으로 돌아오시던 날 아버지는 우리 남매를 불

러 앉혔습니다.

"혜영아, 동욱아 지금부터 이 아빠 말을 잘 들어라. 너희들에게 아빠가 줄 것이 있단다."

"네 아빠! 무슨 말인데?"

아버지는 장농 깊숙이서 빛바랜 봉투 하나를 꺼내놓으며 말했습니다.

"만일 말이다 만일 아버지가 어떻게 되거든 이 봉투를 열어보거라. 사는 데 도움이 될거야."

"아빠! 왜 그런 말을 해……."

마치 유언처럼 들리는 비장한 당부와 함께 아버지가 우리 남매 손에 쥐어주신 봉투 속에는 무료사진 촬영권, 놀이동산 할인권, 그런 표조각이 국가유공자증서와 함께 들어 있었습니다.

아버지의 병은 곧 완치되어서 그 알량한 할인권들을 쓸 일은 없었지만 그것은 그 시절 가난한 아버지가 우리 남매에게 남길 수 있는 최선의 유산이었습니다.

주먹밥과 용감한 형제

나에겐 두 아이가 있습니다.

아무도 없는 집에서 온 집안을 난장판으로 어질러 놓고 부엌 싱크대에 물 받아 놓고 물장구를 치던 아이.

화장실 두루마리 휴지를 통째로 욕조에 담그고는 주물럭거리던 아이.

한 살 터울의 형제는 그렇게 무모하고 용감했습니다.

나는 눈만 뜨면 호밋자루 쥐고 들에 나가 땅에 엎드려 사느라 무엇하나 제대로 챙겨주지도 못하는 것이 늘 가슴 아팠습니다.

저녁 무렵이 다 돼서야 파김치가 된 몸을 이끌고 털레털레 집으로 돌아옵니다. 아이들이 집 안을 그렇게 쑥대밭으로 만들면 돌봐주지 못하는 아쉬움을 뒤로 한 채 피곤하고 지친 마음에 먼저 회초리부터 들었습니다.

"이게 뭐야 누기 이랬이 잉? 내가 못살어 내가 아주 그냥."

"엉… 엉."

"또 그럴 거야? 니들이 이럼 엄마가 어떻게 살어 엉?"

"잘못했어요…"

그런 큰애가 초등학교 2학년 작은애가 1학년이 되었을 때 일입니다.

아이들은 여전히 장난이 심했지만 건

 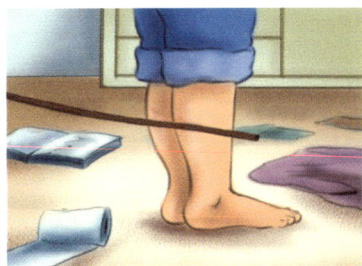 

강하게 잘 자라주었습니다. 아침부터 뙤약볕에서 김을 매다가 점심때가 돼서 삐질삐질 흐르는 땀을 닦으며 찬밥 한 술 떠먹어야지 하고 집으로 들어섰습니다.

아이들은 내 앞을 가로막았습니다.

"엄마 아빠, 어서 눈좀 감아보세요 네에?"

"화 안낸다고 약속해야 돼요."

눈을 감으라는 둥 화를 내지 말라는 둥 날도 더운데 무슨 장난인가 싶어 짜증이 났지만 아이들이 하도 성화를 하길래 하라는 대로 하고 눈을 떴습니다.

"자 짜자잔……."

흰 쌀밥으로 계란만한 주먹밥을 만들어 한가운데 멸치를 꽂고 고사리 나

물 일곱 가닥으로 띠장식을 해놓은 것이었습니다.

"헤… 먹어봐 엄마 무지개 주먹밥."

무지개 주먹밥이라… 이름까지 근사하게 붙여 입에 넣어준 형제는 귀찮을 정도로 다짐을 받습니다.

"혼 안 낼 거지? 엄마."

부엌이며 밥솥이며 냉장고 속이며 죄 어질러 놓고 야단맞을 것을 걱정하면서도 엄마 아빠를 기쁘게 해주려고 용기를 낸 그 천진한 아이들을 나는 혼낼 수가 없었습니다.

대신 말없이 끌어안고 속삭여 주었습니다.

"혼내긴, 엄마 너무 좋아서 눈물이 다 나는데… 사랑해 내아들."

할머니와 인절미

머리에 보따리를 이고 어머니가 집으로 오셨습니다.

군대 간 아들이 휴가를 나왔다고 시골에 계신 친정어머니가 인절미를 한 말이나 해가지고 올라오신 겁니다. 어머니는 집에 들어서자마자 아직도 말랑말랑한 인절미를 콩고물 듬뿍 묻혀 접시에 담아내셨습니다.

"자 묵어라. 안적 따셔서 맛날 것잉게."

"역시 우리 할머니가 최고야."

나는 마실 것을 내오다가 그런 어머니를 보고 대뜸 쏘아부쳤습니다.

"떡을 얼마나 먹는다고 그렇게 고생을 해요. 조금 사먹으면 되지."

"너 먹으란 거 아닝게 암 말 말어. 우리 손자 먹으라고 해온 겅께."

어머니의 그 심드렁한 반응을 보는 순간 아차 내가 또 실언을 했구나 싶었습니다.

실망으로 일그러지는 할머니 표정을 보고 있던 아들이 소맷 자락을 잡아 끌었습니다.

"엄마는 무슨 말을 그렇게 해요. 할머니가 그 먼 데서 떡을 해오셨는데… 아무튼 이럴 때 보면 엄마도 참 철이 없다니깐."

아들은 답답하다는 듯 가슴까지 쳐가며 내 경솔함을 탓했습니다.

아들한테 철없는 엄마라는 말을 듣는 순간 왜 그리 흐뭇하던지… 어린것이 군대생활 몇 달 만에 철이 들었구나 싶었습니다.

거실로 나와 보니 어머니가 인절미 담는 손길에 힘이 빠져 있었습니다.

아들은 그런 할머니 마음을 눈치채고는 연신 인절미를 주워먹었습니다.

"할머니 인절미가 이렇게 맛있는 줄 몰랐어요. 쫄깃쫄깃한 게 그냥… 음 맛있다."

나도 멋쩍어 한마디 거들었습니다.

"이서방이 인절미 참 좋아하는데……."

그리곤 방에서 아들이 했던 말을 살짝 귀띔해 드렸습니다.

"딸보다 손자가 낫구만……."

"그렇죠 할머니? 헤헤."

그 한마디에 어머니 얼굴이 쟁반처럼 환해졌고 할머니 마음을 헤아릴 줄 아는 아들을 보고 있자니 나도 세상에서 가장 큰 부자가 된 것만 같았습니다.

특별한 동거

우리집 귀염둥이 강아지 해피가 한 식구가 되던 날이었습니다.

애완동물 기르는 걸 싫어하는 아빠의 거센 반대를 무릅쓰고 우리는 어렵사리 동거를 감행했습니다. 해피와의 동거는 예상대로 돌발사태의 연속이었습니다.

구두를 헌신짝으로 만드는 것도 모자라 아침신문을 갈기갈기 찢어놓고 식탁 아래서는 식구들 발을 깨물었습니다.

그 뿐만이 아니었습니다. 한밤중 안방에 무단 침입해 잠든 아빠의 옆구리에 실례를 하기도 했습니다.

엄동설한에 온 집안 식구가 쫓겨난 일도 있었습니다.

눈치가 있는 건지 없는 건지… 그런데도 해피는 꼭 아빠 옆에만 달라붙어 잠을 잤습니다.

하다 못해 식성까지 아빠를 닮아 갔습니다.

"어머 식성이 딱 아빠야, 엄마"

"그러게. 니 아빠처럼 감이랑 참외를 좋아하네."

무엇보다 식구들을 놀라게 한 건 해피가 현관문 앞에서 낑낑대면 어김없이 아빠가 들어오신다는 것이었습니다.

그런 해피의 애정 공세에도 냉담했었

던 아빠가 달라진 건, 그 일이 있은 후였습니다.

어느 날 출근길이었습니다.

해피가 아빠의 뒤를 따라 나갔습니다. 아빠는 어린 해피가 길을 잃을까 봐 걱정이 됐지만 아침에 중요한 회의가 있어 해피를 돌볼 겨를이 없었습니다. 서둘러 뛰어 나갔지만 버스는 곧 출발하려던 참이었습니다.

"어… 잠깐만요, 잠깐만!"

그냥 가려던 버스가 갑자기 멈추자 아빠는 해피 생각을 까맣게 잊은 채 허둥지둥 올라탔습니다. 그 순간 승객들의 시선이 일제히 버스 앞쪽으로 쏠렸습니다.

"어머 강아지가 어쩜 저렇게 똑똑해요"

"그러게 말야, 고놈 참 기특하네……."

그제야 상황을 파악한 아빠는 창 밖을 내다보았습니다. 그곳엔 아빠가 무

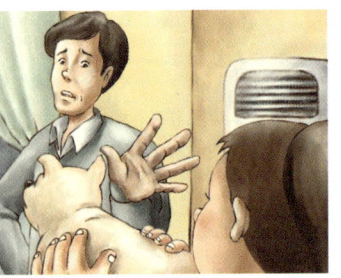

사히 탄 것을 확인한 양 해피가 유유히 차 앞을 비켜서고 있었습니다.

"저 녀석 주인 안 태우고 간다고 차를 가로막고 시위하는 통에 어휴 오금이 저려 혼났습니다."

그날 해피의 그 돌발적인 행동이 어떻게 나온 건지, 여전히 풀길 없는 미스터리로 남아 있지만 그 일을 통해 우린 한 가지 사실을 알게 되었습니다.

해피도 우리와 한가족이란 것을 말입니다.

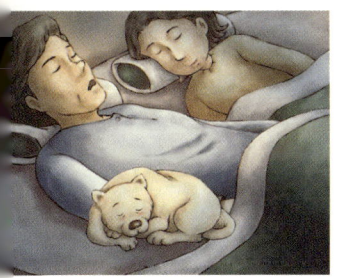  

두 발 자가용

충남 예산의 작은 마을에 아담한 집이 한 채 있었습니다.

 그 집에는 여든넷의 어머니와 예순셋의 딸이 서로를 지팡이처럼 의지하며 살고 있습니다.

노환인 어머니는 갑작스레 찾아온 중풍으로 몸도 제대로 가누지 못하는 중환자입니다.

"아이고 내가 얼른 죽어야지……."

"엄니가 가면 나는 무슨 낙으로 살라고."

딸 할머니에게도 장성한 아들이 하나 있지만 그는 혼자서 제 앞가림조차 못하는 정신 질환을 앓고 있습니다. 이래저래 한숨 많은 딸 할머니가 어머니를 모시고 병원에 가는 날입니다.

두툼한 솜이불을 깐 손수레는 할머니의 자가용입니다. 멀미 때문에 덜컹대는 버스를 탈 수도 그렇다고 택시를 탈 형편도 안 되는 두 할머니를 위해 마을 사람들이 십시일반 마련해 준 자가용입니다.

핸들을 잡은 할머니는 행여 어머니가 불편해할까 조심조심 손수레 자가용을 몰고 읍내로 향합니다.

그 길에서 할머니는 참 고마운 사람들을 많이 만나게 됩니다.

"할머니 운전 잘 하시네. 사과 몇 개

갖다 드셔유."

"고맙네유… 파셔야 할 텐데."

할머니는 애기배추며 고구마줄기며 기다렸다는 듯이 한 줌 두 줌 덜어내 담아주는 이웃들이 그저 고마울 따름입니다.

"이렇게 주면 팔 것도 없을 틴디……."

아이들도 두 할머니를 보면 여럿이 달려들어 수레를 밀어주곤 합니다.

하지만 진짜 고마운 사람은 읍내 병원의 의사 선생님입니다.

관절염으로 퉁퉁 부은 어머니 다리를 치료해 주는 것도, 기력 떨어진 딸 할머니에게 영양주사를 놔주는 것도, 모두가 공짜… 공짜입니다.

"고마워유, 선상님……."

고마움을 갚을 길 없는 할머니는 동네 사람한테 얻은 사과 두 알을 치료비로 내놓습니다.

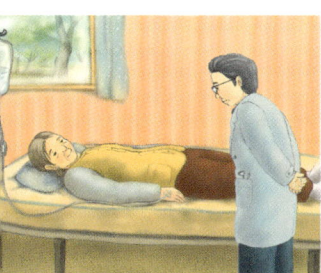  

"아이고 또 이러시네. 할머니 두 개는 너무 비싸고 자, 하난 거스름돈. 하하하."

할머니는 다시 손수레에 어머니를 태우고 집으로 향합니다.

정 많은 의사 선생님 눈에 그것은 세상에서 가장 아름답고 안락한 자가용입니다.

아주 특별한 김치찌개

연탄을 때던 시절의 이야기입니다.

김장을 하고 연탄을 들여야 겨우살이 준비가 끝나던 그 시절이었습니다.

식구가 많은 우리집에선 아침이면 한바탕씩 난리가 벌어졌습니다.

"더운 물 없어?"

"떠다 드릴게요."

"빨리좀… 못참겠어."

출근준비 등교준비로 우리 식구는 아침마다 전쟁입니다. 세수대야를 쓰는 데도 화장실을 쓰는 데도 줄을 서야 했으니까요.

엄마는 도시락을 네 개씩이나 싸며 아침준비를 해야 했습니다.

그날의 아침 메뉴는 모두가 좋아하는 김치찌개였습니다.

특별히 어묵까지 썰어 넣은 김치찌개가 연탄불 위에서 보글보글 끓고 있었습니다. 어묵이 냄비 가득 부풀어 올랐고 이제 상 위에 올리기만 하면 되는데, 부뚜막에 올려놓았던 불마개가 그만 또르르 굴러 찌개 냄비 속으로 떨어지고 말았습니다.

"에구… 이를 어째."

아주 특별한 김치찌개 163

그 당시 불마개라는 것은 구멍난 양말이며 런닝조각 같은 걸 뭉쳐 만든 것이었습니다.

당황한 엄마는 불마개를 건진 뒤 잠시 망설였습니다.

큰맘먹고 어묵까지 넣은 김치찌갠데… 엄마는 다시 끓이자니 시간이 없고 어쩔까 고민하는 눈치였습니다.

엄마의 그 심정을 알 것 같아 나는 못 본 척 침묵했습니다.

엄마는 결국 그 김치찌개를 아침 상에 내놓았습니다.

가족들은 아무것도 모른 채 그 특별한 김치찌개를 아주 맛있게 먹었습니다.

"오늘 찌개는 유난히 맛있네… 어묵이 들어가서 그런가?"

아버지는 맛있다며 밥 한 그릇을 다 비우셨습니다.

"음… 정말 맛있네."

"역시, 당신 음식 솜씨는 최고라니까."

세월이 한참이나 흐른 어느 날, 병석의 엄마가 그 오랜 기억속 이야기를 꺼내 놓으셨습니다.

"그때 말이다. 그 김치찌개 버리기가 아까워 암 말 않고 밥상에 올리긴 했지만 두고두고 마음에 걸리더구나."

"엄마도 참… 그게 뭐 그리 큰일이라고 지금껏 가슴에 담아 두셨수?"

"다 먹고 살기 힘들 텐데 뭔들 못 먹을까."

이십 년이 지나서야 엄마는 가족 모두에게 용서받을 일이 있다면서 마음속에 담아둔 그 일을 고백하셨던 것입니다.

세상에서 가장 따뜻한 감자

엄마는 시집와서 혹독한 시집살이를 하셨습니다.

엄마는 여섯째 딸을 낳고 산후조리도 제대로 못한 채 열다섯이나 되는 가족과 아버지가 운영하는 가구 공장 일꾼들 뒷바라지를 하다가 그만 병을 얻고 말았습니다.

고혈압에 녹내장. 게다가 미움살 박힌 며느리가 시름시름 앓는 게 못마땅했는지 시어머니의 타박은 날이 갈수록 더해갔습니다. 엄마는 견디다 못해 왼쪽눈의 혈관이 터지고 말았습니다.

"안정하고 치료를 받으셔야 합니다."

의사는 치료를 위해 긴 휴식이 필요하다 했습니다. 당장 입원치료를 하지 않으면 위험하다는 의사의 말을 뒤로 한 채 엄마는 집으로 돌아왔습니다. 통증이 극에 달해 잠 한숨 못자고, 물 한 모금 넘길 수 없는 나날이 계속됐습니다.

설상가상 공장이 어려워져 대가족을 책임져야 하는 아버지는 엄마를 돌볼 여유가 없었습니다.

바쁘다는 핑계로 누구 하나 몸져누운 엄마를 보살피지 않았습니다. 그저 때 되면 까끌까끌한 밥 한 그릇을 말없이 디밀 뿐 엄마가 그걸 먹는지 안 먹는지 관심조차 없었습니다.

눈에 온 병보다 마음의 상처가 더 아픈 엄마는 밥도 약도 먹지 않고 끝내 굶어 죽을 참이었습니다.

그러던 어느 날 점심 무렵이었습니다. 바스락바스락 가벼운 창호지문이 슬며시 열렸습니다. 그리고 이제 막 기기 시작한 아이가 엄마를 향해 뒤뚱뒤뚱 다가왔습니다.

저 어린것을 두고 어찌 죽을꼬……. 한숨을 푹 내쉬는데 아이가 엄마의 입에 뭔가를 가져다 대주는 것이었습니다.

"맘마… 맘마."

그것은 감자 한 알이었습니다.

아기가 마루에서 방 안까지 손에 쥐고 기어오느라 먼지가 뽀얗게 묻고 일그러진 감자 한 알이었습니다.

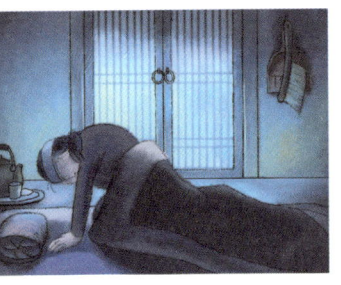  

걸음마도 못다 뗀 아이가 마치 엄마의 절망을 다 아는 듯 살아야 할 희망 한 알을 가져다 준 것입니다.

엄마는 그 때 묻은 감자를 맛있게 먹었습니다. 그리고 의사의 권유대로 수술대에 올라 한 쪽 눈을 도려내는 아픔 끝에 새로운 삶을 찾게 되었습니다.

아이가 가져다준 감자 한 알이 엄마의 생명을 구한 것입니다.

4

행복한 심부름

설을 며칠 앞둔 어느 날,

아버지는 나를 자전거 뒷자리에 태우곤,

페달을 힘껏 밟아 어딘가로 향하셨습니다.

논길을 지나고 골목을 지나 한참을 달리고

또 달려 도착한 곳은 이웃동네였습니다.

"저기 저 파란 대문집 보이쟈?"

겉보기에 허름한 집과는 대조적으로

유난히 파랗던 대문이 인상적이었습니다.

이름 불러주는 선생님

나는 고등학교에서 영어를 가르치는 교사입니다.

 수업시간마다 나는 반드시 치르는 의식이 하나 있습니다. 일일이 이름을 부르면서 눈을 바라보는 것입니다.

"장상호!"

"예 써얼."

"베리 굿. 전영성!"

아이들과의 교감을 위해 눈을 맞추고 미소까지 지어보여야, 다음 번호로 넘어간다는 원칙도 만들었습니다.

그런데 그게 무뚝뚝한 남학생들한텐 곤혹스러운 일이기도 했습니다. 개중엔 반항적인 녀석도 있습니다. 희수가 그런 학생이었습니다.

"희수야! 좀 웃이주면 이디가 딧나냐?"

"저는 원래 웃을 줄 모르는데요……."

"그러니까 잘됐네. 이번 기회에 웃는연습 좀 해 봐."

"선생님, 제발 저 좀 포기하시면 안 돼요?"

"교사에게는 학생을 포기할 권리가 없다… 미안해."

그렇게 억지를 부려 한참 실랑이를 하고 나서야 녀석은 겨우 어설픈 미소를 보냈습니다. 출석을 부르든 말든 졸고 있는 녀석도 있습니다. 보나 마나 밤새 텔레비전을 봤거나 컴퓨터 모니터와 씨름하다 지친 야광족입니다.

나는 아이들에게 한 가지 제안을 했습니다.

매주 금요일 밤 8시부터 10시까지는 무슨 일이 있어도 텔레비전 보지 않기. 그 시간에 무엇을 하든 자유지만, 단 고독하게 보낼 것을 제안했습니다.

과제를 주고 나서 한 달 뒤, 과연 아이들이 그 약속을 얼마나 실천을 했는지 확인을 해보았습니다.

한 학급 50명 가운데 내 제안을 받아들인 학생은 단 한 명 뿐이었습니다.

놀랍게도 그 아이는 제발 나를 포기해 달라던 바로 그 반항아 희수였습니다.

"좋아… 그래. 규칙을 정하고 지켜보니 어때?"

"처음엔 그냥 따분했지만 10시가 다가올수록 시간이 아쉽게 느껴졌습니다. 매일 밤 8시면 어김없이 텔레비전을 끄고 따분하면 책을 보거나 창가에 서서 마을 풍경을 구경하기도 하고요. 마냥 따분하면 동네 여기저기를 돌아다녔어요."

밤 공기를 마시면서 산책을 했다는 녀석은 그때 처음으로 자기 자신의 내면과 대화할 수 있게 되었다고 했습니다.

그 일이 있은 후 희수는 내가 이름을 부를 때마다 환한 미소로 대답해주었습니다.

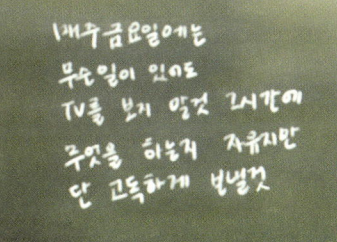

사랑의 도시락

어린 시절, 모두가 밤잠을 설치며 기다린다는 봄소풍이 나는 싫었습니다.

일찍이 아버지를 여의고 엄마는 남의 집 일을 다니느라 김밥 한 줄 싸줄 이 없는 처지였기 때문입니다. 평소에도 굶기를 밥먹듯 하지만 소풍마저 빈손으로 따라나서자니 기운도 없고 재미도 없고 정말이지 죽을 맛이었습니다.

"우아… 소풍이다."

"가자 어서 가자."

"김윤종. 이것 좀 들고 갈래?"

나는 속으로 화가 치밀었지만 선생님 말씀을 거역할 수 없어 앞에 가는 아이들 발뒤꿈치만 보면서 터벅터벅 십리 길을 걸었습니다.

제 도시락도 못 가져가는 형편에 선생님 짐이나 들어드려야 하는 내 신세가 어찌나 처량하던지… 죄없는 보따리만 몇 번을 구박했는지 모릅니다.

점심시간이 되자 겨우 짐을 내려놓고 혼자 있을 곳을 찾아 계곡 아래로 내려가는데 선생님이 또 나를 부르셨습니다.

"김윤종 이리와 봐. 여기다 여기."

또 무슨 심부름을 시키려나 싶어 볼멘

얼굴로 다가갔더니 선생님이 아까 그 보따리를 풀고 계셨습니다.

보따리 속에서 나온 것은 두 개의 도시락이었습니다.

"자… 같이 먹자. 네 몫까지 2인분 싸왔다. 어서 먹자."

내가 그토록 원망하며 들고 올라온 선생님의 보따리는 나를 위한 도시락이었던 것입니다.

나는 꾸역꾸역 밥을 퍼 넣으며 눈물을 삼켰습니다.

오십 년도 더 지난 어린 날의 일이지만 봄소풍 길의 그 눈물 젖은 도시락 맛을 백발이 된 지금도 나는 잊을 수가 없습니다.

행복한 심부름

어린 시절, 나는 부모님의 심부름을 도맡아 했습니다.

집집마다 고사떡을 돌리는 일부터 호미나 삽 같은 농기구를 빌려오는 일까지 안해 본 심부름이 없습니다. 그 많던 심부름 가운데 중년이 된 지금도 잊을 수 없는 행복한 심부름이 하나 있습니다.

"아버지… 지 부르셨는겨?"

"그려… 내가 불렀다. 숨 차재? 아부지하고 어디 좀 갔다와야겠는디 지금 괜찮재?"

설을 며칠 앞둔 어느 날, 아버지는 나를 자전거 뒷자리에 태우고, 페달을 힘껏 밟아 어딘가로 향하셨습니다.

논길을 지나고 골목을 지나 한참을 달리고 또 달려 도착한 곳은 이웃동네였습니다.

"저기 저 파란 대문집 보이쟈?"

겉보기에 허름한 집과는 대조적으로 유난히 파랗던 대문이 인상적이었습니다.

"파란 대문요?"

"그려… 잘 기억해뒀다가 아부지가 시키는 대로만 하거라."

아버지는 그리고는 쌀가게로 가서 쌀을 두 가마 사셨습니다.

지게꾼에게 뭐라 말한 뒤 나더러 아저씨를 따라가 파란 대문집을 일러주라 하셨습니다.

"얘야, 아직 멀었니?"

"조금만 더 가면 되요 아저씨."

나는 아버지가 시키는 대로 앞장서 가서는 점찍어 둔 집을 일러주고 행여 들킬새라 허둥지둥 집으로 돌아왔습니다.

숨이 차서 집으로 들어서는 나를 보자 엄마가 물으셨습니다.

"아부지 심부름 갔다 오능겨?"

"으응… 근디 쌀을 왜 몰래 갖다주는지 모르겠어."

어린 나의 궁금증은 이내 풀렸습니다.

그 파란 대문집엔 아버지의 친한 친구분이 사셨는데, 어려운 형편에 식

구까지 많아서 생활이 힘들다 했습니다.

어떻게든 친구를 돕고 싶은데 드러내놓고 하면 우정을 행여 동정의 손길로 오해할까 봐, 아버지는 소리없이 쌀가마를 배달했던 것입니다.

어린 마음에도 아버지가 얼마나 자랑스럽던지, 그 행복한 쌀 심부름은 아버지가 돌아가시던 해까지 계속되었습니다.

푸른 사과 하나

남극 대륙 옆 킹 조지 섬에는 한국의 세종기지가 있습니다.

그곳에는 혹독한 추위를 참고 견디며 남극의 자연 환경을 연구하는 사람들이 있습니다.

어느 날 기지 안에서 생일 잔치가 벌어졌습니다. 전영근 대원의 생일 준비를 위해 주방장이 저녁 내내 뚝딱거리며 솜씨를 발휘했습니다. 주방에서 풍겨 나오는 구수한 냄새는 대원들의 코와 뱃속을 자극했습니다.

"우와, 냄새가 정말 좋은데. 입안에 군침이 살살 도는 걸…?"

생일상은 그야말로 다리가 휘어질 만큼 진수성찬이었습니다. 그런데 한 가지 아쉬운 게 있었습니다.

"어? 영근씨가 좋아하는 야채가 하나도 없네."

남극의 특수한 사정상 보관이 힘든 야채나 과일은 한 달쯤 지나면 구경조차 할 수가 없게 됩니다. 게다가 식량 보급이 두 달 전에 있었던 터라 싱싱한 과일을 먹기란 어려운 일이었습니다.

바로 그때 주방장이 은박지로 꼭꼭 싼 무언가를 영근씨에게 내밀었습니다.

"어, 이게 뭔가?"

"자네를 위해 내가 마련한 선물일세."

주방장이 생일 선물이라고 건넨 물건을 받아든 영근씨는 은박지를 한 겹 한 겹 벗겨냈습니다.

순간 기지 안에 전 대원들이 탄성을 질렀습니다. 그것은 기지 안에 남아 있는 마지막 푸른 사과 한 알이었습니다.

주방장은 수줍게 얼굴을 붉히며 말했습니다.

"일전에 내가 몹시 아파서 아무 일도 할 수 없을 때 며칠 동안 자네가 나 대신 대원들에게 요리를 만들어줘서 정말 고마웠다네. 그리고 그때 자네가 끓여준 흰죽 말일세. 사실 물이 다 졸아서 흰밥 같았지만, 정말 맛있었다네."

"고마워, 이렇게 소중한 선물은 내 생전 처음이야. 자 우리 다같이 나눠 먹세."

영근씨는 그 마지막 푸른 사과를 열네 토막으로 잘라서 대원들과 나누어

먹었습니다.

비록 여기저기 멍들고 못난 푸른 사과 한 알이었지만, 그것은 가족들에 대한 그리움과 향수로 가슴이 시퍼렇게 멍든 대원들에게 값진 선물이 되었습니다.

그날 남극 기지 안에서 나누어 먹은 것은 푸른 사과가 아닌 서로를 아끼고 배려해주는 열 네 명 대원들의 푸른 마음이었습니다.

가로등 끄는 남자

새벽이면 항상 그 골목에 나타나는 사람이 있습니다.

뿌옇게 날이 밝아오는 시간… 밤새 어두운 골목을 밝히던 가로등이 그 빛을 잃어갈 때면 자전거 탄 사내가 꼭 나타납니다. 그 사내는 매일 자전거를 타고 와서 거리의 가로등을 하나하나 끄고 갑니다.

가로등은 아침이 되면 대부분 자동으로 꺼지지만 아직도 수동 가로등이 있는 곳은 누군가 이렇게 일일이 다니며 끄지 않으면 해가 중천에 뜨도록 켜 있기 십상입니다.

그는 벌써 15년째 가로등 끄는 일을 하루도 빠뜨리지 않고 해 왔습니다. 언젠가 한 번은 자전거 브레이크가 고장나 담장을 들이받고 이마와 옆구리에 큰 상처를 입은 날도 있었습니다.

비가 억수로 쏟아지는 장마철에는 감전사고를 낭할 뻔한 적도 있었습니다. 스위치에 손을 대는 순간 스파크가 일어나면서 온 몸이 무너지는 듯한 충격을 받은 것입니다. 하지만 그는 사고를 당하고도 가로등 끄는 일을 그만두지 않았습니다.

돈을 받고 하는 일도 아닌데, 그렇다고 그렇게 아낀 전기료가 자기몫이 되는 것도 아닌데 말입니다.

누가 시켜서 하는 일도 아니고 보수를 받고 하는 일도 아닌데 참 할일도 없구나 싶지만 그는 어엿한 중학교 교장선생님입니다.

학교에서도 불필요한 곳에 켜 있는 전등을 찾아다니며 끄고 끄고 또 끄고 했습니다.

"야 야, 불 꺼 소방관이다!"

학생들은 그런 교장선생님을 아예 소방관이라 부릅니다.

"허허 녀석들. 날더러 소방관이라고? 하하하."

그는 소방관이라는 별명이 싫지 않습니다. 오히려 아이들이 소방관이라 불러줄 때면 입가에 미소가 번집니다.

나를 지켜준 사람

월드컵 준결승, 우리나라와 터키와의 경기가 있던 날입니다.

 태극전사 이을용의 멋진 프리킥이 상대의 골문을 갈랐습니다.

"슛 골! 이을용 선수."

온 국민이 열광하는 바로 그 순간 한국철도 이현찬 감독의 가슴에 혼자 삭이기 벅찬 감동이 번졌습니다.

10년 전의 일이 머리 속을 주마등처럼 스치고 지나갔기 때문입니다.

1993년 강릉상고 3학년에 재학중이던 이을용은 고교랭킹 1, 2위를 다투는 빼어난 선수였습니다.

대학 진학은 따놓은 당상이라는 걸 그 누구도 믿어 의심치 않았습니다.

그런데 그 해 강릉상고는 전국대회 4강에 들지 못했고 규정에 따라 그는 축구선수로 대학에 진학하는 꿈을 접어야만 했습니다.

하지만 그는 무너지지 않았습니다. 아시아 학생대표 선발대회에 출전하여 죽을 각오로 뛴 결과 그는 당당히 청소년 대표에 뽑혔습니다.

그러나 다음날 발표된 명단에 그의 이름은 없었습니다.

"어엉… 이게 어떻게 된거지?"

졸업장이 없다는 게 탈락이유였습니다.

그때부터 이을용의 방황이 시작되었습니다. 축구를 버리고 정처없이 떠돌던 그가 흘러간 곳은 제천에 있는 한 나이트클럽이었습니다.

웨이터 생활을 하면서 그는 점점 황폐해져 갔습니다.

그때 그 앞에 나타나 호되게 질책하고 그의 손을 잡아 그라운드로 이끈 이가 바로 이현찬 감독이었습니다.

"감독님!"

"우린 프로구단도 아니고 모든 게 열악하지만 축구가 대학간판으로 하는 게 아니라 실력으로 하는 거라는 걸 보여주자."

이감독의 설득에 이을용은 방황을 접고 다시 축구화를 신었습니다.

이감독의 사랑과 끝없는 노력으로 이을용 선수는 깊은 수렁 같은 좌절을 딛고 마침내 꿈을 이루어 내고야 만 것입니다.

우리들의 연극

우리반 친구들은 모두가 당황했습니다.

"자, 이번 학예회 때 연극은 특별히 정은이에게 대본을 부탁해야겠다."

김정은. 정은이는 공부밖에 몰라 아이들에게 따돌림받는 우리반의 왕따입니다.

선생님께서 정은이 이름을 말하자 반 전체가 술렁거렸습니다.

"뭐라고, 어머머 진짜야, 어이구"

"우리가 왜 정은이가 쓴 대본으로 연극을 해야하는 건데?"

"공부만 잘하면 단가 치! 난 빠질래."

반 아이들은 노골적으로 불만을 드러냈고 너나없이 쑥덕거려 교실 분위기는 점점 험악졌습니다.

그리고 며칠 후 정은이가 쓴 대본의 제목을 본 순간 우리는 또 한번 놀랐습니다.

〈내 이름은 왕따〉

선생님의 지시에 따라 배역이 정해졌고 우리는 연극 연습을 시작했습니다. 처음에는 다들 건성으로 연습을 하는 둥 마는둥 했습니다.

"왕따당하는 것도 기분 괜찮은데… 히히."

"헤헤……."

하지만 한 친구를 철저히 왕따시키는 장면을 연습할 때면 이상하게 모두가 숙연해졌습니다.

마침내 학예회 날이 되었습니다. 연극이 시작되고 교실은 웃음바다가 되었습니다.

"야, 반찬 좀 먹자"

"그래, 먹어……."

"싫어. 왕따 반찬 먹고 나도 왕따 되라고?"

"하하하."

연극은 의외로 실감나고 재미있었습니다.

그런데 연극이 거의 끝나갈 무렵의 일이었습니다. 연필이 교실바닥에 떨

어지고 그걸 줍는 아이의 손을 밟는 장면에서 왕따역을 맡은 아이가 울음을 터뜨렸습니다.

"아야…."

손을 밟은 아이는 오히려 큰소리였습니다.

"야, 너 손 조심해. 아유 재수없어."

"어, 미안해……."

그런데 다음 대사를 까먹은 건지 왕따역을 맡은 아이는 말은 않고 계속 울기만 하는 것이었습니다.

'야, 다음 대살 해야지…….'

그때 정은이가 갑자기 서럽게 울기 시작했습니다. 그러자 왕따역을 맡은 그 아이가… 누구보나 성은이를 괴롭히던 그 아이가 울먹이며 정은이를 꼬옥 껴 안는 것이었습니다.

"정은아, 미안해… 니가 이렇게 아플 줄 몰랐어."

아무도 예상하지 못한 대사에 여기 저기서 눈물꼭지가 터졌고 다른 친구들도 정은에게 미안하다는 말로 그동안의 잘못을 뉘우쳤습니다.

정은이는 울다가 웃으며 친구들을 보고 미소지었습니다.

우리는 그제야 깨달았습니다.

왕따가 되어보지 않고는 그 아픈 가슴을 알지 못했던 것입니다. 그리고 정은이를 왕따시킨 우리 모두가 실은 진짜 왕따였다는 것을 말입니다.

눈물의 야학

1980년대 서울 변두리 산동네 야학에서 있었던 일입니다.

 중학교 교사였던 나는 뭔가 뜻깊은 일을 찾던중 야학에서 일 주일에 네 시간씩 영어를 가르치기로 했습니다.

들쭉 날쭉 나이도 제각각 실력도 천차만별인 학생들 틈엔 나이 지긋한 아주머니가 한 분 있었습니다. 그런데 어느 날 수업시간이었습니다.

"오늘은 웬일로 지각을 다 하셨네요."

"아이고 선생님. 흑흑……."

전에 없이 지각을 한 아주머니가 교탁으로 와서는 대뜸 내 손을 부여잡고 울기 시작했습니다

"아니 무슨 일이세요?"

"선생님 너무너무 고맙습니다 고맙습니다."

"진정하세요."

엉엉 우는 아주머니를 겨우 진정시키고 들어본 눈물의 사연은 이랬습니다.

일찍이 남편을 여의고 홀로 자식 셋을 키우게 된 아주머니는 병원에서 환자복을 빨아서 영문 이니셜을 붙이는 일로 생계를 유지했습니다.

그런데 알파벳을 잘 몰라 한 자씩 한 자씩 확인

하며 다느라 손가락을 재봉틀바늘에 찔리기 다반사일 뿐 아니라 글씨를 거꾸로 붙이는 경우도 많았습니다.

작업반장은 화를 내고 싫은 소리를 자주 했습니다.

"아니 또 꺼꾿이네. 제대로 보고 해요."

손가락의 수난도 수난이지만 그것보다 일이 더뎌 사람들한테 눈총을 받기 일쑤였습니다. 늦은 나이에 야학을 다니게 된 것도 그런 설움을 면해볼까 해서였던 것입니다.

"그런 일이 있으셨군요……."

"이제 알파벳을 다 아니까 손이 이렇게 편할 수가 없더라구요. 다 선생님 덕분입니다."

내 손을 꼭 잡고 고맙다며 연신 눈물을 훔치는 아주머니의 손에는 여기저기 피멍이 맺혀 있었습니다.

천사 해우소

전교생이 145명에 불과한 울산의 작은 중학교에서 생긴 일입니다.

새학기 입학식을 앞둔 2월 어느 날, 학교전체가 들썩 거렸습니다.

2층에 있던 미술실이 1층으로 이사를 하고 운동장 한켠에 있던 컨테이너 박스를 개조해 음악실을 만드는 등 큰 공사가 시작된 것입니다.

뿐만 아니라 현관의 턱을 없애고 계단 옆엔 경사로를 만들었습니다. 이런 저런 공사비만 자그마치 3천만 원이 든다 했습니다.

작은 학교에선 감당하기 쉽지 않은 예산이었지만 전 직원의 동의 하에 이루어진 일이었습니다.

1층 교무실 옆에 세면대를 설치하고 화장실까지 새로 만들자 아이들의 궁금증은 점점 커져만갔습니다.

지금껏 없던 일이라 웬 소란인지 모르겠다며 수군거리는 아이들도 있었습니다.

화장실에 '천사 해우소'라는 이름이 붙었습니다.

도대체 왜 이런 대공사를 벌이는지 의문이 풀린 것은 입학식 날이었습

니다.

선천성 하반신 마비로 휠체어를 타고 학교에 다녀야 하는 학생 한 명이 입학을 하게 된 것입니다.

단 한 명의 지체장애 학생을 위해 3천만 원이라는 큰돈을 들여 학교에 전용시설들을 갖다니… 천사 해우소라 이름 붙은 전용화장실도 1층으로 내려온 미술실과 음악실도 결코 돈만으로 이루어 낼 수는 없는 따뜻한 사랑이며 아름다운 배려였습니다.

친구의 모닝콜

초등학교 6학년 때 나는 못말리는 지각생이었습니다.

수업중에 교실 문을 드르륵 열었을 때의 그 숨막히는 분위기… 그때마다 나는 두 손을 하늘로 치켜들고 서 있는 벌을 섰습니다.

옆자리 친구는 그런 내가 늘 못마땅했었나 봅니다.

나는 워낙 잠이 많은데다, 맞벌이 부부인 엄마 아빠가 일찍 출근을 하고 나면 깨울 사람도 챙겨줄 사람도 없으니 시간 맞춰 학교 가는 것보다 어려운 게 없었습니다.

그런데 어느 날 아침 7시도 채 안됐는데 딩동딩동 초인종이 울렸습니다.

"아 함, 음냐 음냐 옹앙오알 누구세요…?"

잠이 덜 깨 잔뜩 짜증난 얼굴로 나가보니 밖에는 아무도 없었습니다. 나는 조금 더 자려고 다시 침대로 기어들어갔습니다.

30분쯤 지났을까? 또 벨이 울렸습니다.

"대체 누가 장난치는거야? 잡히기만 해 봐라."

그러기를 몇 차례… 나는 잠자기는 틀렸다 싶어 일찍 학교로 갔습니다.

"야… 지각생 웬일이냐? 해가 서쪽에서 뜨겠다."

아이들은 해가 서쪽에서 뜨겠다며 깜짝 놀랐고 선생님도 칭찬을 해주셨습니다.

누구보다 좋아하는 건 옆자리 내 짝궁이었습니다.

초인종 사건은 그렇게 며칠 동안 되풀이되었습니다.

날마다 벨소리에 시달리다보니 아예 잠이 줄어들어 나도 모르게 아침 일찍 일어나는 습관까지 생겼습니다.

내가 생각해도 해가 서쪽에서 뜰 일이었습니다.

"두고 봐라… 꼭 밝히고 만다."

그런 일이 있고 나서 일주일째 되던 날, 누군지 범인이 누구인지 꼭 밝히고 말겠다고 마음먹은 나는 현관문 뒤에 숨어 벨이 울리기만을 기다렸습니다.

잠시 후 어김없이 초인종 소리가 울렸습니다.

나는 벌컥 문을 열었습니다. 그런데 문 여는 소리에 놀라 뒤로 벌렁 넘어진 범인은 바로 나의 가장 친한 친구, 내 짝꿍이었습니다.

"야! 니가 범인이었어?"

"그래… 내가 버릇 고쳐주려고 그랬다. 왜! 어쩔래?"

친구의 눈물겨운 모닝콜 덕에 나는 그 시절 만년 지각생이라는 불명예 딱지를 떼어낼 수 있었습니다.

친구의 모닝콜. 내 짝꿍이 나에게 준 가장 멋진 선물이었습니다.

찢어진 종이꽃

지난 봄 유럽 여행길에서 있었던 일입니다.

가이드도 없이 혼자 하는 여행이라 가방을 도둑맞고 기차를 놓친 데다 숙소조차 잡을 수가 없어 암스테르담 중앙역 근처 벤치에서 추위와 두려움 속에 밤을 보내야만 했습니다.

다음 날 새벽, 지치고 피곤한 몸을 이끌고 베를린으로 가는 기차를 탔습니다. 기차 안은 만원이었고 나는 객차 사이 출입구에 쪼그리고 앉았습니다.

평소 눈이 안 좋은데다 밤새 한잠도 못잔 탓인지 자꾸 눈물이 났습니다.

그때 한 독일 여자가 지나다가 내게 말을 걸어왔습니다.

"아 유 새드?"

처음엔 무슨 말인지 몰라 고개를 갸웃거리다 다시 물었습니다.

"아 유 새드?"

"아! 슬픈 일이 있어서는 아니구요. 어젯밤에 잠을 못 자서 좀 피곤한 것뿐이에요."

내 대답을 듣고 난 그녀는 안쓰러운 듯 한참이나 물끄러미 나를 바라보더니 갑자기 가방을 뒤져 너덜너덜한 종이 한 장을 꺼내 주었습니다.

"이건 내가 제일 좋아하는 꽃 사진이에요."

"너무 힘들고 지칠 땐 이 꽃을 보면 힘이 생기죠, 자… 받아요."

내게 슬퍼하지 말고 힘을 내라고 속삭이며 건네고 간 종이 속엔 국화처럼 생긴 노란 꽃이 가득 피어 있었습니다.

나는 그녀에게 고맙다는 인사를 한 후 그 노란 꽃들이 담긴 찢어진 사진을 곱게 접어 수첩에 넣었습니다.

두 달에 걸친 유럽 여행길에서 힘이 들 때마다, 집이 그리울 때마다, 나는 그 너덜너덜 찢어진 꽃사진을 보며 기운을 차렸습니다.

찢어지고 향기도 없지만 그것은 내가 평생동안 본 그 어떤 꽃보다 아름다운 꽃이었습니다.

국화가 필 무렵

가을 국화가 필 무렵이면 못견디게 그리운 사람이 있습니다.

그는 이십하고도 칠 년 전 내가 초등학교 5학년때 담임 선생님이십니다.

당시 우리반은 학교 울타리 안에 있는 작은 정원을 가꾸는 일을 담당하고 있었습니다.

선생님은 아이들 손에 양동이며 갈퀴 같은 걸 하나씩 나눠준 뒤, 앞장서서 낙엽과 풀들을 긁어모았습니다.

"선생님 이걸로 뭐 할 건데요?"

"어… 이거? 꽃을 만들 거란다."

"에이 낙엽으로 어떻게 꽃을 만들어요? 마술인가?"

선생님은 퇴비거리가 어느 정도 준비되자, 이번에는 아이들 몇 명을 앞세우고 시장 어물전으로 향했습니다.

"으…냄새. 선생님 비린내 나요."

"응? 허허허. 요녀석들 비린내는……."

우린 악취가 난다고 호들갑을 떨었지만 선생님은 아무렇지도 않게 어물전을 돌았습니다. 그리고 생선함지에서 똑똑 떨어지는 비린내 나는

물을 양동이에 받아 담았습니다.

"자… 이만하면 됐다. 이제 학교로 가자."

우린 양동이를 하나씩 나눠 들고 학교로 돌아왔습니다.

그리고는 흙과 풀과 낙엽과 생선 비린내가 요동치는 물을 비벼 퇴비를 만들었습니다.

아이들은 코를 싸쥐고 구경을 했고 선생님은 땀을 뻘뻘 흘리면서도 조금도 힘든 기색 없이 퇴비를 비비고 섞는 일에 온 힘을 기울이셨습니다.

그리고, 얼마 후… 낙엽으로 꽃을 만들겠다던 선생님의 마술 아닌 마술이 눈앞에 펼쳐진 건 그해 가을이었습니다.

선생님의 땀방울 하나하나가 희고 노란 국화꽃 봉오리로 맺혀 코끝을 간지럽히던 그 감동이란 말로는 다 표현할 수 없을 정도였습니다.

"우와… 빨간 국화도 있다. 이것좀 봐."

27년이 흐른 지금도 나는 그 퇴비더미에서 피어난 국화꽃 향기를 잊지 못합니다.

아니 내가 잊지 못하는 것은 국화꽃이 아니라 땀방울로 그 꽃을 피어낸 선생님인지 모릅니다.

5

왼발잡이의 꿈

미국 축구사상 최초로

두 팔이 없는 축구 선수가 탄생했습니다.

그의 이름은 로니 웨스트.

그는 어머니의 약물 복용으로 태어날 때부터

두 팔이 없었습니다.

그러나 어머니는 그런 그에게 여섯 살이 되자마자

수영을 가르쳤습니다.

"못하겠어요. 너무 어려워요."

이상한 컵

서울의 아파트촌으로 이사한 지 얼마 안되었을 때입니다.

 손바닥 만한 베란다에 빨래를 넌 뒤 창 밖을 내다보던 나는 잔디밭에서 이상한 컵 하나를 발견했습니다.

못생기고 금이 갔지만, 안은 멀쩡한 그 컵엔 흑갈색 물이 가득 고여 있었습니다. 나는 곧장 잔디밭으로 내려갔습니다.

"대체 누가 여기다 이런 걸 버리는 거야…?"

그리곤 필시 누가 일부러 버린 걸로만 알고 컵 안에 고인 흑갈색 물을 잔디밭에 버린 후 투덜대며 컵을 치웠습니다.

"귀찮게… 으이씨."

하지만 다음 날도 그 다음 날도 잔디밭엔 찌그러진 컵이 놓여 있었고 그 이상한 컵엔 흑갈색 물이 고여 있는 것이었습니다.

나는 컵을 치워 버리고 누군가 집을 자꾸 내놓고 그 알 수 없는 실랑이는 며칠간 계속됐습니다.

그러던 어느날 드디어 범인이 밝혀졌습니다.

꼬마 아이가 그 컵을 또 잔디밭에 놓고 있었습니다. 나는 치미는 화를 누그러뜨리고 아이에게 자초지종을 물었습니다.

"애! 컵은 왜 자꾸 갖다 놓는거니?"

이상한 컵 _ 225

"이건 코코안데요……. 강아지가 굶어 죽을까 봐 그러는 거예요."

아이의 말이 끝나자마자 후줄근한 몰골의 주인 잃은 강아지 한 마리가 쪼르르 달려와 컵 속에 코를 박고 코코아를 맛있게 먹었습니다.

"그럼 집에 데려가서 키우면 되잖니."

"주인이 찾을지 모른다고 엄마가 안된대요."

그 이상한 컵은 회색 밀림과 같은 서울의 아파트촌을 따뜻하게 데우는 사랑의 코코아 잔이었던 것입니다.

진정한 후계자

한 부족을 훌륭하게 이끌어온 추장이 있었습니다.

하지만 그의 용맹도 세월 앞에선 맥없이 사그라져 병을 얻고 말았습니다.

"이제 어떡하죠?"

부인은 걱정이었습니다.

"아무래도 때가 된 것 같소."

늙은 추장은 자신의 운명을 예감한 듯 그렇게 희망을 접은 채 날로 쇠약해져 갔습니다.

"앞으로 어찌해야 한단 말인가……."

부족의 앞날에 대한 걱정은 병마보다 더 아프게 그의 가슴을 후벼팠습니다.

"지혜를 주소서… 지혜를 주소서."

용맹하고 지혜로운 후계자를 정하기 위해 몇날 며칠 고민에 고민을 거듭하던 추장이 어느 날 아침, 세 아들을 불렀습니다.

"너희에게 추장으로서 명령하느니 마을에서 가장 높은 산꼭대기에 올라가 우리 부족을 위해 가장 필요한 그 무엇인가를 가져오거라."

세 아들은 저마다 산으로 올라갔습니다.

날이 저물자 세 아들은 무언가를 하나씩 가지고 마을로 돌아왔습니다.

첫째 아들이 자랑스런 표정으로 귀한 산약초를 꺼내 보였습니다. 늙은 추장은 실망한 듯 고개를 저으며 둘째 아들을 쳐다보았습니다.

"저는 온산을 뒤져 멧돼지를 잡아왔습니다."

추장은 고개를 저었습니다.

"흐음… 아니야… 으응?"

그런데 셋째 아들의 손엔 아무것도 들려 있지 않았습니다.

"너는 왜 빈손으로 왔느냐?"

"저는 이 두 눈에 모두 담아왔습니다."

"대체 무엇을 담아왔단 말이냐?"

셋째 아들은 자신이 본 것들을 설명하기 시작했습니다.

"산 너머에 드넓은 옥토가 펼쳐져 있었습니다. 그곳에 마을을 세우고 농

사를 짓는다면 주민 모두가 지금보다 훨씬 풍요로운 생활을 누릴 수 있을 것입니다."

"그래……. 네가 바로 진정한 후계자로다."

셋째 아들의 말을 다 듣고 나서 추장은 한 점 망설임 없이 그를 후계자로 지목했습니다.

천사와 노숙자

아침 출근길, 붐비는 2호선 전철 안에서 있었던 일입니다.

 차를 타자마자 어디선가 날아온 퀴퀴한 냄새가 코를 찔렀습니다.

"이게 무슨 냄새야?"

냄새의 진원지를 찾는 일은 어렵지 않았습니다. 사람들이 슬금슬금 자리를 피해 유독 헐렁한 자리에 한 노숙자가 앉아 있었습니다.

"어휴, 냄새."

"드르렁 드르렁 쿨쿨."

얼마나 고단한지 드르렁 드르렁 코까지 골며 잠든 그의 고개가 이리 흔들리고 저리 흔들리다 옆자리에 앉은 가녀린 아가씨의 어깨로 툭 떨어졌습니다.

나 같으면 그 순간 바로 일어나 자리를 피할 텐데 그녀는 피하기는커녕 곤한 잠을 방해라도 할까 봐 그의 고개가 떨어지지 않도록 어깨를 세워 든든히 받쳐주고 있었습니다. 마치 가까운 사이처럼 말입니다.

"어… 으응?"

그 신선한 감동은 거기서 끝나지 않았습니다.

몇 정거장이나 갔을까… 내릴 때가

되자 그녀는 조심스럽게 핸드백을 열어 지갑에서 만 원짜리 한 장을 꺼냈습니다.

그리고 그 돈을 돌돌 말아 노숙자의 동그랗게 오무린 손에 그가 잠을 깨지 않도록 살며시 끼워 넣었습니다.

순간 그녀 주위가 환하게 빛났습니다.

그녀는 각박한 세상살이에 지쳐가던 나에게 진정한 사랑이 무엇인가를 가르쳐준 날개없는 천사였습니다.

엄마표 양념

혁이는 내 오랜 단짝 친구입니다.

 공부면 공부, 운동이면 운동 못하는 게 없고 유머가 넘쳐 어딜 가나 인기 폭발입니다.

"우하하……."

"하하하. 진짜 재미있다."

"그런데 니네 집에 언제 초대할래?"

"언제든지."

혁이네 집은 동화 속 궁전처럼 화려하고 으리으리했습니다.

하지만 친구들이 혁이네 집에 가고 싶어 했던 진짜 이유는 정작 다른 데 있었습니다.

"니네 아줌마 진짜 요리사 자격증이 열개야?"

"그렇다니까. 한시 중시 일식 없는 게 없어."

친구들은 저마다 혁이네 요리사 아줌마가 만드는 음식을 먹고 싶어 아우성이었고 그 요리를 먹어본 아이라면 누구나 특급호텔 요리보다 더 맛나다며 유난을 떨었습니다.

맞벌이 부모의 외동아들 혁이는 부모님이 두분 다 출근을 하고 나면 늘 혼자 있어야 했습니다.

혁이는 친구들을 초대해 음식파티를 벌이는 것으로 외로움을 달랬습니다. 나 또한 날마다 그 밥에 그 나물인 엄마의 밥상보다 세련되고 맛있는 혁이네 음식이 더 기다려졌습니다. 그런데 어느 날 하교길에 혁이가 뜻밖의 제의를 했습니다. 우리집에서 밥을 먹자는 것입니다.

"어… 우리집? 요리사 아줌마가 기다릴텐데."

"전화했어. 오늘 친구집에서 밥 먹고 간다고."

나는 거절을 할 수 없어 그러자고 했지만, 고급 음식만 먹던 혁이가 평범한 우리집 음식에 실망하진 않을까 내심 걱정이 앞섰습니다.

역시 밥상에 올라온 반찬은 달랑 된장찌개와 계란말이뿐이었습니다.

그런데 혁이는 아무 말 하지 않고 입맛을 쩍쩍 다시며 달겨들었습니다.

"우와 진짜 맛있다. 이런 된장찌개는 처음 먹어 봐. 계란말이도 예술이다… 예술!"

처음에는 혁이가 나를 놀리는가 싶어 부아가 치밀었습니다.

그때 녀석이 놀라운 말을 내뱉었습니다.

"너 그거 알어? 너의 집 음식엔 특별한 양념이 들어 있다는거."

"특별한 양념?"

"그래… 정성이 듬뿍 든 엄마표 양념."

"아……."

"친구들은 모두들 날 부러워하지. 으리으리한 집에서 매일 일류 요리사가 해주는 음식을 먹으니까… 하지만 난 오히려 너희들이 부러워."

혁이는 엄마표 양념… 엄마의 손맛이 그리웠던 것입니다.

우리 가족

몇 해 전, 내가 초등학교 4학년 담임을 맡던 때의 일입니다.

아이들이 '우리 가족'이라는 제목으로 발표를 하는 시간이었습니다.

"자, 누가 먼저 할까?"

이름보다 뚱이란 별명이 더 친근한 아이가 첫번째로 나섰습니다.

"헤헤. 저희 가족은요 엄마 아빠 할머니 그리고 저, 모두 네 명입니다. 할머니는 제가 우리집 기둥이라 잘 먹어야 된다고 먹을 걸 많이 주세요. 그래서 점점 기둥이 아닌 우리집 돼지가 되고 있습니다. 우헤헤."

"하하하, 호호호."

돼지라는 말에 아이들이 우와 웃음보를 터뜨렸습니다.

또 다른 친구가 나와 발표를 시작했습니다.

"저희 아빤 큰 벤처기업 사장입니다. 아빠는 늘 바쁘시죠. 그래서 저랑 잘 놀아주지 못하지만 그 대신 다른 친구들은 만져보지도 못한 비싼 장난감을 많이 사주십니다."

아빠 자랑에 우쭐거리는 아이, 늦둥이 동생 돌보는 게 힘들다며 투덜거리는 아이, 우리 가족은 안경 가족이라며 재미있어 하는 아이…….

다양하고 솔직한 이야기가 쏟아졌습니다.

그런데 다음 차례인 아이를 본 순간 나는 아차 싶었습니다.

조용히 일어선 그 아이는 부모가 없는… 그래서 고아원에서 사는 아이였기 때문입니다.

나는 어린 마음에 커다란 상처를 주었겠다 싶어 어찌할 바를 몰랐습니다.

"큭큭. 쟤 고아원에서 사는데… 그럼 가족이 없는 거 아냐? 근데, 왜 나오냐?"

그러나 아이는 뜻밖에도 주저하지 않고 단상에 서서 이야기를 시작했습니다.

"저희집엔 식구가 정말 많습니다. 늘 자상하신 원장 아빠, 그리고 우리를 위해 맛있는 음식을 만들어주시는 수녀 엄마들. 그리고, 언니 오빠 동생들만 해도 열 명이나 됩니다. 가끔 먹을 것 때문에 싸우기도 하지만, 막상 누구 하나 위험에 처하면 힘을 합해 도와줍니다."

아이의 자랑은 계속 됐습니다.

"사람들이 우리를 고아라고 놀릴 때도 있어요. 동정하는 사람도 있구요. 하지만 남들이 뭐라 해도 우린 신경 쓰지 않아요. 우리도 다른 가족들과 똑같거든요. 원장 아빠가 그러는데, 진정한 가족이란 핏줄보다 더 강한 마음으로 이어져 있는 거래요."

발표가 끝나자, 고아원 아이라며 놀리던 녀석들도 내내 딴짓만 하던 녀석들도 말을 아끼고 눈시울을 적셨습니다.

천진난만하고 고운 마음씨를 지닌 그 아이의 가족 이야기에 나도 눈물을 감출 수 없었습니다.

아줌마 여고생

나는 나이 많은 늦깎이 여고생입니다.

한 가정의 아내요, 두 아이의 엄마인 내가 스물 아홉 나이에 여고생이 된 것은 학창시절에 닥친 가난 때문이었습니다.

아버지가 운영하던 조그만 가게가 부도로 무너지면서, 소박했지만 평안했던 우리집에 느닷없이 불행이 닥쳐왔습니다.

"아이고 이제 어떻게 살아……."

행방불명 된 아버지, 오랜 지병과 충격으로 드러누운 어머니, 그리고 코흘리개 동생들까지 가족들은 슬픔에서 헤어나지 못했습니다. 그런 집안 형편은 나를 고등학교를 중퇴하고 일터로 나가게끔 떠밀었습니다.

"쉬엄쉬엄 해, 그러다 몸 축나겠어."

"괜찮아요."

공장 분들은 어린 나이에 고생한다며 말 한마디라도 따뜻하게 해주었고 때로는 밑반찬이나 헌 옷가지도 챙겨주셨습니다.

그리고 몇 년이 지났습니다. 나는 전자제품 대리점에서 일을 시작하면서 한 남자를 알게 되었습니다. 그는 내 사정을 뻔히 알면서도 선뜻 나 대신 우리집 가장이 돼주겠다며

청혼을 해왔고, 내 나이 스무 살 꽃 같은 나이에 새색시가 되었습니다.

남편은 결혼 전에 한 약속을 지키기 위해 전보다 두 배로 부지런을 떨었고 우리 가족을 나보다 더 애틋하게 돌보고 챙겼습니다.

모두가 장성해 차츰 생활의 여유가 생길 무렵, 10여년 전 못다한 공부에 대한 미련이 흡사 우울증처럼 내게 찾아왔습니다.

"당신 검정고시라도 봐라."

"여보, 저는요 고등학교 졸업장이 필요한 게 아니에요. 그저 꿈 많고 해맑은 학창시절의 추억이 필요한 거죠."

남편은 소녀가장 노릇 하느라 고등학교를 마치지 못한 내가 안쓰러웠는지 잃어버린 내 학창시절을 찾아주겠다며 나의 모교를 찾아갔습니다.

그리고 뜻밖에도 본인이 원한다면 언제든지 재입학이 가능하다는 사실을 알고는 말릴 새도 없이 척척 입학준비를 해나갔습니다.

"자, 책가방하고 교과서야."

"당신도 참… 이 나이에 어떻게 고등학교를 다녀요. 말도 안돼요."

"뭐가 말도 안돼. 내 아내가 배움에 뜻이 있다는데 감히 누가 말려?"

"고마워요, 여보."

"엄마 이거, 내가 제일 아끼는 필통인데, 엄마 입학선물로 줄게."

처음부터 용기가 생긴 건 아니였습니다.

하지만 남편의 든든한 후원과 두 아이의 순수한 마음이 있었기에 나는 꿈에 그리던 여고시절로 돌아가 갈래머리 앳된 여고생은 아니지만 아줌마 여고생이 될 수 있었습니다.

왼발잡이의 꿈

미국 축구사상 최초로 두 팔이 없는 축구 선수가 탄생했습니다.

 그의 이름은 로니 웨스트.

그는 어머니의 약물 복용으로 태어날 때부터 두 팔이 없었습니다. 그러나 어머니는 그런 그에게 여섯 살이 되자마자 수영을 가르쳤습니다.

"못하겠어요. 너무 어려워요."

"로니, 험한 세상을 네 힘으로 헤쳐가려면 강해져야 한단다."

살아 내기 위한, 강해지기 위한 자기와의 끝없는 싸움은 그야말로 뼈를 깎는 고통이었습니다. 마침내 피나는 노력 끝에 그는 꿈에 그리던 미식축구 선수가 되었습니다.

하지만 장애가 있는 그에게 그것은 결코 쉬운 일이 아니었습니다.

그는 키커였지만 상대의 질주를 막아내려면 치열한 몸싸움도 해야 했습니다.

무엇보다 그를 괴롭힌 것은 팔이 없는 장애인을 선수로 내세웠다는 상대 팀 선수들의 비난이었습니다.

"오늘 우리 장애인 축구 하러 온거야?"

"그러게. 우리랑 게임을 하자는 건

지 장난을 치자는 건지 모르겠군."

평소 그는 스스로를 만능 스포츠맨이라 자부했지만 상대 선수들의 따가운 눈총과 비난은 두 팔이 없이 생활하는 것보다 견디기 힘든 고통이었습니다. 그때마다 주저앉으려는 그를 일으킨 건 동료들과 코치의 따뜻한 손이었습니다.

"로니, 힘내. 자네 곁엔 우리가 있잖아."

"로니, 난 지금껏 훌륭한 왼손잡이는 많이 봤지만, 훌륭한 왼발잡이는 자네가 처음이라네."

"자네의 왼발은 우리팀의 희망이야……. 그 사실을 잊지 말게. 허허허."

동료들의 끝없는 신뢰와 격려는 그의 마음에 보이지 않는 팔을 달아주었고 그를 누구보다 당당한 선수로 거듭나게 했던 것입니다.

액자 속의 유산

큰 저택에 아주 부유한 부부가 살았습니다.

그런데 불행히도 아내가 중병에 걸려 어린 아들을 남편 손에 맡긴 채 세상을 뜨고 말았습니다.

아내를 잃은 남편은 몹시 상심했지만 마음을 추스르고 사랑하는 아들을 돌봐줄 보모를 구했습니다.

보모는 자신의 아들처럼 지극 정성으로 아이를 돌봤습니다. 아이는 보모의 품에서 많은 꿈을 꾸며 무럭 무럭 자랐습니다.

그러던 어느 날 그 아이가 큰 병에 걸려, 시름시름 앓다가 그만 하늘 나라로 가고 말았습니다.

아내와 아들을 잇따라 잃은 남편은 절망에 빠졌습니다.

그리고 얼마 뒤 그마저 아내와 아들에 대한 그리움이 병이 되어 세상을 뜨고 말았습니다.

혼자가 된 보모는 사랑하는 아이와의 추억을 남겨두고 쓸쓸히 저택을 떠나야만 했습니다.

아무런 유언도 남기지 않았기 때문에 그의 재산은 곧 경매에 붙여졌습니다.

저택의 값비싼 가구와 골동품들은 호사가의 관심을 끌기에 충분했습니다. 그 화려한 경매장에 보모가 나타났습니다.

최고품의 가구와 값비싼 예술품 등등 화려한 물건들이 차례로 새 주인을 찾아간 뒤 마지막으로 거실에 걸려 있던 어린 아들의 사진이 경매에 붙여졌습니다.

아이의 액자 사진에 관심을 갖는 사람은 아무도 없었습니다.

보모는 값싼 가격에 사진을 가질 수 있게 되었습니다.

그토록 사랑하던 아이의 사진을 손에 넣은 보모에게 놀라운 일이 일어났습니다.

액자의 먼지를 닦다가 액자 뒷면에 붙어 있던 쪽지를 발견한 것입니다.

대부호이자 소년의 아버지인 주인이 자필로 쓴 유언장에는 전 재산을 보모에게 물려준다는 증명서가 붙어 있었습니다.

액자 속의 유산… 그것은 아들을 진정으로 사랑한 보모에게 그가 주는 선물이었습니다.

눈에 비친 자비심

미국 북부 버지니아 주에서 있었던 일입니다.

 몹시 추운 저녁, 한 노인이 강을 건너기 위해 기다리고 있었습니다.

그리 깊은 것은 아니었지만 군데군데 얼어붙은 강을 걸어서 건너는 것은 쉬운 일이 아니었습니다. 살을 에는 듯한 추위로 수염이 고드름처럼 얼어 반짝였습니다.

그때 노인은 얼어붙은 길 저편에서 다가오는 말발굽 소리를 들었습니다. 말을 탄 사람은 모두 네 사람… 일정한 간격으로 달려오고 있었습니다.

그들이 모퉁이를 돌아오는 것을 지켜보던 노인은 그러나 이상하게도 도움을 청하지 않았습니다.

첫번째 신사가 지나가고 두 번째 말탄이가 지나갔습니다. 세 번째 사람이 지니기는데도 노인은 가만히 바라볼 뿐이었습니다.

마침내 마지막 남자가 말을 타고 다가오자 노인은 그의 눈을 바라보며 말했습니다.

"저… 선생 이 늙은이를 강건너까지 좀 태워줄 수 있겠소?"

"그러지요. 어서 올라타세요."

노인의 몸이 얼어붙어 제대로 움직

이지 못한다는 것을 알고 그는 말에서 내려 노인이 말에 타는 것을 도와주기까지 했습니다. 그는 그렇게 강을 건넌 뒤 노인이 가고자 하는 목적지까지 데려다주었습니다.

"그만 됐소. 난 여기서 내려주시오."

작고 아늑한 오두막에 도착했을 때 호기심에 찬 신사가 물었습니다.

"그런데 다른 사람이 말을 타고 갈 때는 그냥 서 있다가 유독 나한테만 부탁을 한 이유가 뭡니까? 만일 내가 거절했다면 선생은 그곳에 그냥 남겨졌을 거 아닙니까?"

노인은 천천히 말에서 내린 뒤 그 신사의 눈을 똑바로 보고 대답했습니다.

"말을 타고 오는 사람들의 눈을 먼저 봤지요. 그들은 내 처지 같은 것에는 아무런 관심도 없었습니다. 하지만 당신 눈에는 친절과 자비심이 가득했습니다. 당신이 날 도와줄거라고 믿었던 거지요."

노인의 그 말에 신사는 깊이 감동해 앞으로도 불행한 사람들의 처지를 잘 살피겠노라고 약속한 뒤 그곳을 떠났습니다.

노인은 그가 미국의 제3대 대통령인 토머스 제퍼슨이라는 사실을 까맣게 몰랐습니다.

신발 속 모래

사막에서 길을 잃고 헤매는 사람들이 있었습니다.

모든 것을 다 태워 버릴듯이 강렬하게 내리쬐는 태양 아래, 희망의 빛이라곤 보이지 않았습니다.

사막 한가운데서 서서히 무너져갈 무렵 눈앞에 구조대가 나타났습니다.

"하하. 우린, 이제 살았어."

죽음을 눈앞에 두고 모두가 구사일생 살아난 것입니다.

그 기적의 생환자들에게 관심이 쏠린 기자들은 저마다 질문을 퍼붓기 시작하였습니다.

"사막에서 가장 고통스러웠던 것이 무엇이었습니까?"

"이글거리는 태양 아래, 물 한 모금 없는 광야를 걷는 것이었겠죠?"

"아닙니다."

가장 나이 어린 대원이 단호히 잘라 말했습니다.

뒤이어 다른 기자가 무거운 짐을 진 채 가파르고 험한 길을 올라갔던 것이 제일 힘들지 않았냐고 물었고 대원들 모두가 그것도 아니었다며 고개를 설레설레 저었습니다.

뼛 속까지 스미는 사막의 추위와

어둠이었는지… 그것도 아니면 배고픔이었는지… 그렇게 계속되는 질문에도 그들은 연거푸 아니라고, 아니라고만 했습니다.

계속 예상이 빗나가자 대체 그들을 가장 힘들게 한 것이 무엇일까 하는 궁금증에 회견장 전체가 술렁거렸습니다.

그때 대원들 가운데 가장 나이 많은 사람이 입을 열었습니다.

"저희를 가장 고통스럽게 한 것은 물 한 모금 없는 광야도, 무거운 짐도, 또 가파르고 험한 길도 아닙니다."

기자들은 점점 궁금해졌습니다.

"사실 저희를 가장 고통스럽게 만들었던 것은 신발 속으로 파고든 모래였습니다."

그리고, 그는 덧붙였습니다.

"우리는 그때 깨달은 것이 있습니다. 살면서 우리를 고통스럽게 하는 것

  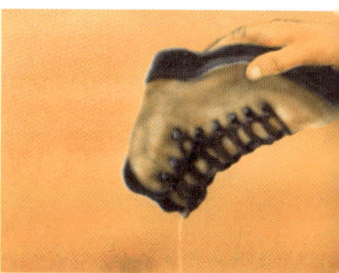

은 아주 크고 어려운 일이 아니라, 신발 속 모래처럼 작은 어려움이라는 것을 말입니다."

그렇게 알듯 말듯한 말을 던져놓고 그 속뜻은 각자가 풀어야 할 숙제로 남긴 채 대원들은 유유히 회견장을 떠났습니다.

고통을 극복한 사람

지휘자 토스카니니는 원래 첼로 연주자였습니다.

평범한 첼로 연주자였던 그가 전 세계의 존경과 사랑을 한몸에 받는 훌륭한 지휘자가 된 것은 시련이 닥친 후였습니다.

심한 근시로 인해 연주할 때 악보를 제대로 볼 수 없게 된 것입니다.

"자네 눈이 그렇게 나빠서 첼로 연주를 어떻게 할 수 있나?"

"괜찮습니다. 할 수 있습니다."

나빠진 시력 때문에 음악을 포기할 수는 없다고 생각한 그는 밤새워 악보를 달달 외운 후 연주에 나섰습니다.

"그래. 할 수 있어!"

"자네, 악보를 다 외웠나?"

"예, 물론입니다."

전곡의 악보를 모두 외는 것은 결코 쉬운 일이 아니었지만, 그는 누구도 원망하지 않고 한탄하지 않았습니다. 그는 무리한 연습으로 연주가 끝나자 마자 무대 뒤에서 쓰러져 병원으로 실려간 일도 있었습니다.

"여보… 좀 쉬엄쉬엄해요."

"그럴 새가 없어. 나는 다른 사람들

과 달라. 열 배를 노력해도 부족해."

아내는 점점 기력이 쇠해지는 남편이 걱정됐지만 음악에 대한 그의 열정을 누구보다 존경하고 사랑했기에 차마 그 의지를 꺾을 수가 없었습니다.

그러던 어느 날 그가 속한 악단의 지휘자가 쓰러져 입원하는 사고가 터졌습니다.

"이를 어쩐다. 지휘자가 없으니… 이거 낭패로군."

"사장님… 토스카니니가 악보를 다 외우니까 지휘봉을 한번 맡겨보시면 어떨까요?"

그렇게 해서 첼리스트 토스카니니에게 지휘봉이 주어졌고 하늘이 준 기회를 잘 살려 세계적인 지휘자로 명성을 날리게 된 것입니다.

"그래… 한번 해보는 거야."

그가 시력을 잃어가는 눈을 탓하며 음악을 포기했더라면, 악보를 볼 수 없는 불운의 연주자로 남았더라면, 우리가 아는 지휘자 토스카니니는 존재하지 않았을 것입니다.

사랑의 자장면

그는 충청도 작은 읍내에 있는 중국집의 주방장겸 주인입니다.

"2번에 짜둘 짬 하나요."

"오케이 짜둘 짬 하나."

좁아 터진 주방에 갇혀 날마다 손바닥에 땀나게 면발을 뽑고 만두 튀기는 불앞에서 만두를 튀기고 앉자마자 빨리빨리 재촉하는 손님들의 조급증과 싸우느라 고단한 남자.

하지만 안주인도 종업원도 단골들도 그가 찡그리거나 짜증을 내는 걸 본 적이 없습니다.

"당신 오늘은 기분 최고네."

"허허 나야 맨날 최고지."

덕분에 음식맛은 둘째치고 기분 좋은 일이 생긴다고 일부러 먼길 달려 찾아오는 단골들이 많아졌습니다.

그런데 장사가 한참 잘 될 토요일 오후만 되면 오는 손님도 마다하고 그는 가게문을 닫습니다.

"아이고 오늘은 영업 끝났습니다."

"이시간에 벌써요?"

"저기……."

"뭐 이런 중국집이 다 있어? 에이."

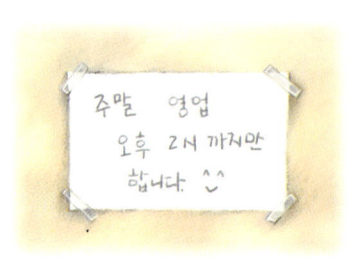

그가 먼지 나는 시골길을 달려가는 곳은 작은 보육원입니다.

"야, 아저씨 왔다."

아이들은 환한 미소로 아저씨를 반깁니다.

"하하 우리사람 왔어 해."

보육원에는 그를 눈 빠지게 기다리는 아이들이 오십 명이나 있습니다.

쫄깃한 면발에 특별히 고기를 듬뿍 넣고 볶는 자장면은 이곳의 아이들이 세상에서 가장 좋아하는 특별 메뉴입니다.

볼이 미어져라 자장면을 먹는 아이들을 바라보는 그의 눈에 눈물이 그렁그렁 맺힙니다.

어려서 부모를 잃고 고아원에서 자라 자장면 한 그릇 마음대로 먹지 못한 채 어린 시절을 보냈다는 그 남자는 어른이 돼서 자장면집을 차린 것입니다. 벌써 몇 년째 주말마다 자장면 파티를 거르지 않고 여는 것도 다 그때문이었던 것입니다.

TV동화 행복한세상 5 | 원작 목록

1. 어머니의 밥상

나만의 방
원작 | 「나만의 방」(프로듀서 박인식)
애니메이션 | 안승희 (안이야기)

반쪽이 부부
원작 | 「반쪽 사람들의 둥근 사랑」(전남 강진군 남성리 김해등씨 실화)
애니메이션 | 고상이 윤성현 송경호 (Ani pub.114)

어머니의 밥상
원작 | 「어머니의 밥상」(프로듀서 박인식)
애니메이션 | 김진영 (안이야기)

아버지와 장미
원작 | 「아버지와 장미」(인천시 서구 석남동 김은경씨 실화)
출전 | 〈월간 샘터〉 2002년 5월
애니메이션 | 원정환 송현정 (애니2000)

할머니와 케이크
원작 | 「할머니와 케이크」(서울시 금천구 시흥동 황은정씨 실화)
애니메이션 | 윤희동 박현주 (푸른버스)

12시 5분 전
원작 | 「12시 5분 전」(프로듀서 박인식)
애니메이션 | 신유경 (안이야기)

아버지와 박하사탕
원작 | 「아버지와 박하사탕」(충남 논산시 성동면 이순길씨 실화)
애니메이션 | 정유경 이은화 박재철 이상원 (애니미어)

짱의 눈물
원작 | 「짱의 눈물」(프로듀서 박인식)
애니메이션 | 안미화 (동동)

나의 아버지
원작 | 「나의 아버지」(2002년 한일 월드컵 국가대표 축구선수 황선홍 실화)
애니메이션 | 윤희동 박현주 (푸른버스)

고등어 추어탕
원작 | 「고등어 추어탕」(서울시 서대문구 남가좌동 박미자씨 실화)
출전 | 〈월간 샘터〉 (2002년 11월)   애니메이션 | 전홍덕 윤신원 김정결 (두리프로)

아버지의 낚싯대
원작 | 「남겨진 장갑」(수필가 윤현숙)
출전 | 동인지 〈타래〉 (1999년 9월)   애니메이션 | 손현수 이우만 정연현 (슈가큐브)

황혼의 사랑
원작 | 「황혼의 사랑」(강원도 동해시 천곡동 조한숙씨 실화)
애니메이션 | 홍현숙 홍영주 (뮤츠아트)

2. 난 보다 향기로운 쌀

101호 할아버지의 꽃밭
원작 | 「101호 할아버지의 꽃밭」(경북 구미시 비산동 최인실씨 실화)
출전 | 〈월간 샘터〉 (2002년 5월)   애니메이션 | 김혜정 (슈가큐브)

황홀한 식탁
원작 | 「세상에서 가장 황홀한 식탁」(경기도 안산시 고잔동 이수구씨 실화)
출전 | 〈월간 샘터〉 (2002년 10월)
애니메이션 | 김선용 홍우정 홍효정 김명선 류한균 황성순 (애니마트)

돼지 잡는 아저씨
원작 | 「저금통을 자르며」(조돈경)
출전 | 〈월간 샘터〉 (1974년 4월)
애니메이션 | 문상희 (애니문)

사랑의 우산
원작 | 「사랑의 우산」(수원시 장안구 천천동 신명자씨 실화)
애니메이션 | 김명선 김선용 김정호 홍우정 홍효정 (애니마트)

난보다 향기로운 쌀
원작 | 「쌀이 난보다 향기로운 까닭」(이명천 교수)
출전 | 〈월간 샘터〉 (2001년 8월)
애니메이션 | 임창묵 (슈가큐브)

사람배달
원작 | 「우편배달부 아저씨」(부천시 원미구 도당동 서순영씨 실화)
애니메이션 | 전홍덕 이문선 김정결 윤신원 (두리프로)

스키장에서 생긴 일
원작 | 「스키장에서의 작은 친절」(서울시 강남구 일원동 이경아씨 실화)
애니메이션 | 김경숙 (애니마포럼)

대한민국
원작 | 「대한민국」(경기도 양주군 산북리 김영선씨 사연)
애니메이션 | 정승희 이희승 (애니마포럼)

추억의 빵
원작 | 「추억의 빵」(서울시 강동구 천호동 박기웅씨 실화)
애니메이션 | 정유진 김희성 (애니마포럼)

지하철에서 생긴 일
원작 | 「지하철에서 생긴일」(노동걸)
애니메이션 | 이원선 김삼채 (짜박)

사랑의 편지함
원작 | 「교통사고 피해자의 마음을 바꾼 편지상자」(전남 강진군 남성리 김해등씨 실화)
애니메이션 | 조원종 (애니웍스)

따뜻한 포장마차
원작 | 「어묵 파는 아주머니」(인천시 계양구 계산동 정종덕씨 실화)
출전 | 〈월간 샘터〉 (2002년 12월)   애니메이션 | 김외선 (모션&픽쳐)

3. 세상에서 가장 따뜻한 감자

누나들이 놓고간 사랑
원작 | 「누나들이 놓고간 사랑」(프로듀서 박인식)
애니메이션 | 손현수 정연현 이우만 (슈가큐브)

김밥남매
원작 | 「김밥장수 남매」(경기도 고양시 화정동 위경은씨 실화)
애니메이션 | 김정화 (애니마포럼)

세상에서 가장 아름다운 다리
원작 | 「세상에서 가장 아름다운 다리」(방송작가 김명애)
애니메이션 | 서효석 지은혜 (애니마포럼)

나의 형
원작 | 「나의 형(2002년 한일 월드컵 국가대표 축구선수 이천수 실화)
애니메이션 | 조중현 (노루막이)

하나뿐인 도시락
원작 | 「근영아, 도시락 잘 먹어」(울산시 남구 신정동 김종길씨 실화)
애니메이션 | 전홍덕 이지현 (두리프로)

아버지의 선물
원작 | 「아버지의 선물」(방송작가 김혜영)
애니메이션 | 전홍덕 이문선 이성수 강용호 (두리프로)

주먹밥과 용감한 형제
원작 | 「주먹밥과 용감한 형제」(전남 장서군 석마리 최성미씨 실화)
애니메이션 | 김광욱 노은경 남병길 (마나로 엔터테인먼트)

할머니와 인절미
원작 | 「딸보다 나은 손자」(서울시 노원구 공릉동 손귀례씨 실화)
출전 | 〈월간 샘터〉(2002년 7월)   애니메이션 | 문준재 봉아리 (애니팩토리)

특별한 동거
원작 | 「특별한 동거」(방송작가 김명애)
애니메이션 | 호중훈 김경하 (애니비안)

두 발 자가용
원작 | 「두 발 자가용」(서울시 송파구 풍납동 이미은씨 실화)
애니메이션 | 정화영 (aniB 105)

아주 특별한 김치찌개
원작 | 「겨우살이」(대구시 수성구 신매동 조경숙씨 실화)
애니메이션 | 정은순 임병관 (애니미어)

세상에서 가장 따뜻한 감자
원작 | 「세상에서 가장 따뜻한 감자」(강원도 원주시 단구동 김혜영씨 실화)
애니메이션 | 신은정 (동동)

4. 행복한 심부름

이름을 불러주는 선생님
원작 | 「교사는 학생을 포기할 권리가 없어」(순천효산고등학교 안준철 선생님 실화)
애니메이션 | 김정화 안혜선 박윤희 (애니마포럼)

사랑의 도시락
원작 | 「닭똥 같은 눈물 속에는 선생님의 깊은 정이 들어있었습니다」(서울시 마포구 도화동 김윤종씨 실화)
애니메이션 | 한문중 김종윤 (물체주머니)

행복한 심부름
원작 | 「아버지의 심부름」(경기도 의정부시 호원동 이완세씨 실화)
출전 | 〈월간 샘터〉 (2003년 2월)
애니메이션 | 김혜정 (슈가큐브)

푸른 사과 하나
원작 | 「푸른 사과 하나」(전주시 완산구 삼천동 설승민씨 실화)
애니메이션 | 이규희 (동동)

가로등 끄는 남자
원작 | 「가로등 끄는 남자」(방송작가 이미애)
애니메이션 | 김진영 (안이야기)

나를 지켜준 사람
원작 | 「나를 지켜준 사람」(2002년 한일 월드컵 국가대표 이을용 축구선수 실화)
애니메이션 | 현경 (동동)

우리들의 연극
원작 | 「우리들의 연극」(방송작가 김명애)
애니메이션 | 연정주 (aniB 105)

눈물의 야학
원작 | 「눈물의 야학」(작자미상)
애니메이션 | 박선영 이효정 유진희 (비온뒤)

천사 해우소
원작 | 「천사 해우소」(울산시 울주군 활천리 한소준씨 실화)
출전 | 〈동아일보〉 애니메이션 | 고상이 윤성현 송경호 (Ani pub.114)

친구의 모닝콜
원작 | 「진정한 친구」(부산시 북구 만덕동 류서현씨 실화)
애니메이션 | 김명선 김선용 김정호 홍우정 홍효정 류한균 (애니마트)

찢어진 종이꽃
원작 | 「찢어진 종이꽃」(부산시 동래구 온천동 최효경씨 실화)
애니메이션 | 정유진 김희성 (애니마포럼)

국화가 필 무렵
원작 | 「노란 국화가 피어날 때면」(경기도 과천시 중앙동 오성근씨 실화)
애니메이션 | 안승희 (안이야기)

5. 왼발잡이의 꿈

이상한 컵
원작 | 「이상한 컵」(경기도 일산구 덕이동 김해리씨 실화)
애니메이션 | 김경은 (물체주머니)

천사와 노숙자
원작 | 「잠든 노숙자와 만원」(서울시 도봉구 창동 김미숙씨 실화)
애니메이션 | 김삼채 (짜박)

엄마표 양념
원작 | 「엄마표 양념」(방송작가 김명애)
애니메이션 | 안동신 (모션&픽쳐)

우리 가족
원작 | 「우리 가족」(방송작가 김명애)
애니메이션 | 유진희 홍재영 김양수 임환서 (비온뒤)

아줌마 여고생
원작 | 「아줌마 여고생」(방송작가 김명애)
애니메이션 | 김외선 (모션&픽쳐)

왼발잡이의 꿈
원작 | 「왼발잡이의 꿈」(미국 미식축구 선수 로니 웨스트 실화)
애니메이션 | 조원종 이정하 (애니웍스)

진정한 후계자
원작 | 「진정한 후계자」(작자미상)
애니메이션 | 윤희동 박현주 (푸른버스)

액자 속의 유산
원작 | 「액자 속의 유산」(작자미상)
애니메이션 | 전홍덕 신수옥 (두리프로)

눈에 비친 자비심
원작 | 「눈에 비친 자비심」(미국 제3대 대통령 토마슨 제퍼슨 실화)
애니메이션 | 김명선 김선용 류한균 박강자 이상민 (애니마트)

신발 속 모래
원작 | 「신발 속 모래」(작자미상)
애니메이션 | 조중현 (노루막이)

고통을 극복한 사람
원작 | 「고통을 극복한 사람」(이탈리아 지휘자 토스카니니 실화)
애니메이션 | 김미라 (애니마포럼)

사랑의 자장면
원작 | 「사랑의 자장면」(방송작가 이미애)
애니메이션 | 안미화 (동동)